学习型社会

THE LEARNING SOCIETY

【美】罗伯特·赫钦斯 / 著
Robert M. Hutchins

林曾　李德雄　蒋亚丽　等 / 译

社会科学文献出版社
SOCIAL SCIENCES ACADEMIC PRESS (CHINA)

目　录

闲暇与学习型社会

（译者序）

罗伯特·赫钦斯 1899 年 1 月 17 日生于纽约市的布鲁克林（Brooklyn），1977 年 5 月 17 日逝世于加利福尼亚州的圣巴巴拉（Santa Barbara），享年 78 岁。虽然出生在纽约，但赫钦斯是在俄亥俄州（Ohio）的奥伯林（Oberlin）长大，并就读于奥伯林学院（Oberlin College），他父亲是该学院的神学教授。

赫钦斯所受的专业教育是法学，他在参加了第一次世界大战后返回耶鲁大学并于 1921 年完成本科教育。1925 年他毕业于耶鲁法学院，1927 年提升为正教授并于同年提拔为耶鲁法学院院长（1927～1929 年）。1929 年至 1945 年担任芝加哥大学校长，1945 年至 1951 年担任芝加哥大学的名誉校长。赫钦斯是美国教育界的传奇式人物，30 岁时就成为芝加哥大学的校长，在任时间长达 16 年之久。尽管他的父亲与祖父皆是长老会牧师，赫钦斯仍成为非宗教性永恒主义中最具影响力的学校人物之一。

由于长期担任教育行政领导，赫钦斯的声誉在教育界远远高于法学界。赫钦斯是一位杰出的教育哲学家，他对美国高等教育的主要贡献是主张通识教育（general education）以及共同核心课程（common core courses），率先号召读经典（great book projects）。尽管赫钦斯的通识教育以及共同核心教育理念广被接受，然而，赫钦斯的教育理念在他所处的精英高等教育时代，很自然受到各方面的批评。

1968 年，赫钦斯出版发行了他的著作《学习型社会》，开学习型社会研究之先河，系该领域中第一本称得上经典的著作。OECD（Organization for Economic Co-operation and Development）提出的终生学习概念在很大程度上是受到了《学习型社会》的启发和影响。

学习型社会的立论基础来源于对教育目的的重新定义。赫钦斯认为"教育的目的是理解，而理解之外的任何东西都是多余的"（Education aims at understanding, which is good in itself, and hence at nothing beyond itself）。基于这种观点，他认为教育是间接而不是直接地服务于经济，服务于国家财富和国力的增长。显然，他的这种观点不能为大多数人，甚至包括各个国家的领导人所接受。

《学习型社会》开宗明义指出，本书研究的是未来教育发展的方向，本书所定义的教育从未实践过。他首先把教育和教育系统区别开来。因此，赫钦斯认为过去和现在的所有教育系统都应被视为在某种程度上是不人道的，非人道的，甚至是反人道的。因为把人当成生产工具的教育，不仅不人道，而且没有效率。因为职业训练浪费了时间又没有培养出来好的生产工具，由此带来的把人当成生产工具的教育所带来的错误实践，某种程度上，反而会阻碍经济的增长。教育的目标指向不是人力资源，而是人本身。教育要通向理解，它没有"更实际"的目标。

它不以"生产"清教徒、民主人士、共产主义者、工人、公民、法国人、商人作为自己的目标，它感兴趣的是通过发展人的智力来发展人本身。

赫钦斯对过分专业化的批判早在他成为芝加哥大学校长时（30岁左右时）就已经开始。他认为，职业训练和学习没有任何关系，职业训练的目的是让人们能够胜任某项具体工作，而完成职业训练的最好方法就是职场本身（on the job training）。大学应该是个人接受全方位教育的地方，在那里，学生有机会学习批判性思维，增强他们的理解能力。因此，他提出最实用的教育是最理论化的教育这一观点。

就业率是目前考核中国高等学校质量的重要标志。显然，这是赫钦斯不同意的做法。他以大量的篇幅阐明，劳动力需求的预测从来都是不可靠的。他仔细研究了苏联在计划经济下对劳动力需求的预测，发现没有一次是完全靠谱的。他在书中虽然没详细描述，但认为中国也有类似的情况。中国改革开放后，放弃计划分配，显然是对赫钦斯观点的支持。既然政府无法预测，学校当然也无法预测。在这个意义上，自由教育是最实用的教育，因为它教人学会理解。可以想见，一个善于理解的人，更能很快适应劳务市场的需要。

那么，闲暇如何和学习型社会相联系呢？首先，赫钦斯认为，闲暇是所有知识进步的源泉，"所有智力的进步都来自闲暇；所有闲暇都来自一个人为另一个人工作"。如果闲暇是所有知识进步的源泉，那么，闲暇的广泛分布就必然会导致普遍的、蔚为壮观的知识进步。众所周知，闲暇在历史上是少数人享有的特权，直到现在，我们仍然离闲暇世界十分遥远。无论我们距离闲暇世界有多远，我们都有理由相信，绝大多数人可用来自由支配的时间将变得越来越充裕。

赫钦斯引用了凯恩斯的观点作为佐证，"我期待，在不是很遥远的日子里，有一个最巨大的变化，这个变化即使把过去整个人类生活的物质环境叠加起来也无法与之相比"。他认为如果凯恩斯今天还活着的话，他的预言会变得更加强化。在自动化和自动控制技术加速失业的趋势之前，凯恩斯描述了一种疾病。他描述的这种疾病，虽然当时的读者可能连听都没有听说过，不过，在随后的岁月中却充斥于耳——这就是失业。他的定义是"失业，即我们发现的使用劳动力的经济化方法，超过了我们能够发现劳动力新用途的速度"。他去世在电视成为人们的"鸦片"之前。他没有活着看到，对从来没有过自由时间的群体来说，他们处理自由时间的方式，一点也不比他生活的那个时代的富有阶级好。如果赫钦斯活到今天的信息时代，他也同样会有更加深刻的感叹。如果我们再看看美国农业、工业，甚至服务业容纳就业人口比例不断下降这个事实，我们就会看到，人类正在面临没有工作岗位增长的经济增长。就业难将是一个世界性的话题。

鲜有闲暇的人们羡慕拥有闲暇是一种很容易理解的自然倾向。可是当闲暇出现时，现代人常常又感到恐惧。赫钦斯认为，西方劳动时间的减少并没有出现人们想象的那种智力活动的明显增长。在那些赢得减少工作时间的人中间，20世纪60年代流行的兼职，可能显现出的是现代人的贪婪；不过，这同时表明，当人们掌握了自由时间时，他们是多么恐惧。很明显，他们会做任何事来避免空闲。是不是历史的教训引导人们这样做？因为那些曾经有过富裕和闲暇历史的社会最终都崩溃了，而且它们崩溃的原因通常都与富裕和闲暇相联系。雅典曾经企图单独创造一个学习型的社会。可是，她太小，也许是偶然的原因，她没有延续下来。直到今天，希腊由于高福利带来的经济危机仍然在警示着世人。罗马统治者用福利笼络人心，最后也没有逃脱崩溃的历史命运。

赫钦斯并没有因为人们害怕闲暇而放弃探讨闲暇与学习型社会的联系。他认为，假设从传统工作目的到闲暇的转移能够实现，我们就会看到，这种转变几乎改变了我们关于所有事情的所有观念。它第一次为每个人提供了机会，让他们成为（真正的）人。它意味着，社会中的个体能够把自己奉献给公共利益的发现和获得，而无需担心其生存。在一个更高层次假设的基础上，我们将会走在通往世界共同体的道路上。这就意味着大的战争的消失，它表明，对暴力死亡和饥荒的恐惧可能会从人类的记忆中消失。

学习型社会基于两个重要的事实：日益增加的自由时间，以及快速的变化。快速的变化要求不断地学习，而闲暇的时间使这种学习成为可能。闲暇这份礼物，可能会被那些从来没有经历过闲暇的人糟蹋。然而，在文明的进程中，少数有闲人中的少数对闲暇的创造性使用，成为自原始社会以后人类所有进步的主要动力。在我们这个守旧的工业社会里，闲暇仍然被当成少数人的特权，而不是被当成所有人的权利。对于工业工人来说，失业的前景是一个现实中的噩梦，因为与失业相伴随的是失去收入，更糟糕的是，失去自尊。在我们的世界中，一个失业的工人会感到他是一个被劳动社群抛弃的人。希腊人曾经有过把闲暇看成是所有人类公益中最伟大公益的锐利眼光。虽然有过失败，但希腊人仍然为人类指明了未来发展的方向。在我们生活的这个世界，正在开启的自动化、信息化和网络化的时代很快就会为所有农民、工业工人、服务人员提供大量的闲暇而不会使他们失去收入、失去自尊以及社会的尊敬。我们可以用这些闲暇时间从事学习，完善自身，挖掘更大潜能，创造更多知识，创造更多财富。

赫钦斯离开我们已有39年，他的书出版已有48年，过去的这些岁月，整个世界经历了赫钦斯不可想象的变化。可是赫钦斯在近半个世纪前阐述的思想仍然让我们感到震撼，令我们深思。希望《学习型社会》的出版能够为我们重新思考中国的教育改革以及中国教育的未来发展方向提供一种不同的思路。作为学习型社会研究的经典著作，希望《学习型社会》的出版能够为中国学习型社会的建设提供一份新的参考资料。

创新性的人才通常不走常规人走过的道路。一个最典型的例子是，芝加哥大学的大学生运动队在赫钦斯做校长时，是完全没有受到重视的。芝加哥大学虽然是世界名校，可是在体育方面却名不见经传。同样，我们原以为赫钦斯《学习型社会》一书的版权很容易找到，因为几家出版社都出版过他的这本书，可是我们费了很大的力，还是没找到。没找到版权的原因可能是因为书出版的时间太久，也可能是作者本人的良苦用心。无奈之下，我们付费让美国国会图书馆查找，希望从版权最权威的机构得到消息。不幸的是，我们从国会图书馆没有找到此书的任何版权拥有者（美国国会图书馆的查询信件放在本书的附录中，以备查询）。

最后，本书的翻译得益于华中科技大学教育科学研究院副院长陈庭柱教授的大力支持和帮助，在此表示衷心的感谢。

林 曾

2015年12月于芝加哥

附：赫钦斯的其他著作

1936 年，《美国高等教育》（*The Higher Learning in America*）

1943 年，《为了自由的教育》（*Education for Freedom*）

1950 年，《大学的理念》（*The Idea of a College*）

1952 年，《伟大会话》（*The Great Conversation*）

1953 年，《乌托邦大学》（*The University of Utopia*）

1969 年，《并非友善声音》（*No Friendly Voice*）

致　谢

　　在此书写作的过程中，我曾受益于来自大英百科全书（Encyclopedia Britannica）编辑委员会、民主制度研究中心的工作人员，以及英国国人视角丛书作者们的诸多批评和指正。我要特别感谢以下诸位：弗兰克·基根（Frank·Keegan）给予了本书许多重要的建议，爱丝特·唐纳利（Esther J. Donnelly）帮助处理了所有来往的信件，海伦·麦克尼尔（Helen McNeil）帮助收集了大量的文献，校对了参考文献，打印了本书最终手稿。

　　本书各种版本的初稿和纲要曾受到以下杰出学者的批评，借此机会，本人向他们表示深深的感谢。

　　埃里克·阿什比（Eric Ashby）先生，克莱尔学院，剑桥

　　穆罕默德·法迪勒·贾马利（Mohammed Fadhel Jamali）博士，突尼斯大学

　　胡马雍·卡比尔（Hamayun Kabir）博士，石油化工部长，新德里

　　I. A. 凯洛夫（I. A. Kairov）教授，莫斯科

赫尔穆特·林德曼·林道（Helmut Lindemann，Lindau）博士，西德

J. 马杰特（J. Majault），国立教育学院，巴黎

吉恩·皮亚杰（Jean Piaget）教授，日内瓦大学

内森·罗滕施特赖希（Nathan Rotenstreich）校长，希伯来大学，耶路撒冷

阿尔多·维萨尔贝吉（Aldo Visalberghi）博士，米兰，意大利

阿尔玛·维特林（Alma S. Wittlin）博士，戈利塔，加利福尼亚

罗伯特·赫钦斯

概　论

本书内容

本书无意探讨教育方面的所有问题，只是专注于那些从现在到 20 世纪结束前可望出现的教育问题。那些在 20 世纪 60 年代就已经解决了的问题，或者是被确切地界定为有争议的主题，只有在必须涉及这些内容方能理解有关世界当代教育的争论时，才会出现在本书中。

本书把聚焦点集中在最重要而且正呈现在我们眼前的那些问题上。一般说来，这些问题是由经济和技术的进步、国际社会和世界秩序的发展，以及所有社会阶级结构的消失所导致的，或者说，至少这些问题与前面提到的发展或变化相伴随。

基本界定

本书把教育和教育系统区别开来。教育是指那种有意识地、有组织地来帮助人们变得更加智慧的尝试。

本书之所以选择把教育和教育系统区分开来，是因为我主要关心的是教育机构可能面对的责任、机会、变革以及困难。不管是无意的还是精心设计的，人们所属的家庭、邻里、社区、国家、大众传媒，以及大量的民间组织的作用，使人们成为他们现在的样子。为了讨论的方便，我在本书中将教育机构所扮演的角色孤立起来。我知道，这种抽象的过程并不会在人们的现实生活中发生，不过为了达到清晰地阐述所要讨论的问题的目的，这种抽象显然是必要的。

按照此观点，教育即通向理解，它没有"更实际"的目标。它不以"生产"清教徒、民主人士、共产主义者、工人、公民、法国人、商人为自己的目标，它感兴趣的是通过发展人的智力来发展人本身。其目标指向不是人力资源，而是人本身。

夸美纽斯（Comenius）的下列思想在本书中可以作为经典（epigraph）来理解。他在《大教学论》中说：

> 当人被称作"可教化的动物"时，这算是对人下了一个不错的定义。的确，人只有通过适当的教育才能成为人……我所提倡的教育包含了所有适合于人的东西，并且应该是所有出生在这个世界上的人都能分享的东西……
>
> 我们的第一个愿望是，每个人都应受到充分的教育；既不是任何个体，也不是某些人，甚至也不是多数人，而是所有生而为人的人，无论他是群居还是独处，是老是幼，是贫是富，是贵是贱，是男是女；归根结底，各个种族、各个年龄、各种状态、所有性别和国家的人均可以成为受教育者。
>
> 我们的第二个愿望是，每一个人都应当受到全面的教育，不只是在一个方面受到恰当的教育，也不是几个方面，

甚至不是许多方面，而是在可以使人的本性达至完美的所有方面……

在这样的定义之下，过去和现在的所有教育系统都应被视为在某种程度上是不人道的、非人道的，甚至是反人道的。

教育和教育系统

教育存在于教育系统之中，是教育系统外显的实际运作形式，或者是由政府直接来打理，或者是在政府授权和监管下，由其他社会组织来经营。任何一个教育系统都不可能脱离其所在的政治共同体，必须要考虑政治共同体要求它所做的事情。教育系统不大可能改变其所在的共同体，除非是共同体把教育系统渴望发生的改变纳入其目标体系之中。

毫无疑问，每个教育系统都包含着一些真教育的成分，因此也有可能产生一些对它们的所有者来说是意外的、不受欢迎的副作用。我们可以设想，如果有某个国家决定把每个人都培养成科学家或技术员——这是通向增强国家实力，走向繁荣富强的道路——仅仅传授科学与工程方面的知识，而不传授任何其他东西；我们还可以这样设想，如果在教授经济学和政治学时，仅限于灌输官方的教条，不容许有任何偏离，在这些状态下，我们不难发现，学生的好奇心不可能限于规定的条条框框之中。好奇心会把他们引导到官方规定的课程学习内容的限定之外，也会让他们不完全限于只读那些官方推荐的书，甚至促使他们去怀疑政治家们的智慧，因为政治家们把各种限制强加于他们身上。无论其置身于什么样的教育系统中，教育都有着某种属于它自身的力量。

虽然如此，政治同样是有自身知识体系的科学。教育系统是由共同体关于其自身需要的信念所决定的。

最后我想说，本书中所论及的"教育"，只是用来判断一个教育系统的标准或规范而已。

第一章

背 景

第一节　教育现在有可能独善其身

21 世纪的教育也许最终会独善其身。到目前为止，教育仍然受到政治、经济、技术和社会秩序的约束。政治已经成为民族主义的政治，教育在政治的架构中被用来满足民族国家的需要。因为贫困，教育已经很难分配到充足的资源。在科学技术落后的地方，大多数人要用他们生命中的绝大部分时间去工作，他们缺乏上学、学习和阅读的机会，甚至连思考问题的机会都没有。社会是一个等级森严的系统。一个年轻人不能希望，甚至不被容许从社会的底层流向社会的高层。即使此人受过教育，人们仍然认为这个人所属的阶层是不可能改变的。

1826 年，当俄国沙皇尼古拉一世宣称"有必要让每一所学校开设的课程以及教授这些课程的方法和学生的培养目标相吻合，任何人不得企图超越他们命中注定的地位"时，没有人认为他比其他统治者更加反动。

1850 年，比利时伟大的自由党领袖夏尔·罗尔耶（Charles Rogier）在提议开办中学（*écoles moyennes*）时强调，学校应该让公民和工人们"对他们现在的状况感到满意"。在 1897 年，这些学校因为"把小资产阶级的孩子培养成了超越他们原本所属的那个阶层的人"而受到攻击[1]。

现在的问题是，社会变迁是不是可以根除这些限制。虽然我们必须谨慎地对待这个问题，但答案却是肯定的。不论是否有这样的认知，我们所有的人都生活在同一个人类社会。由于民族国家的发展，各种部落式的自我崇拜深深植根于相应的教育体系之中，而如今还坚持认为这种自我崇拜的做法和过去一样有益，已经是不可能的了。与各个民族国家早期的发展状况相比，这些国家正变得越来越富裕。无论我们距离闲暇世界有多远，我们都有理由相信，绝大多数人可用来自由支配的时间将变得越来越充裕。阶层体系正在瓦解，至少现在没有哪一个国家还理所当然地认为，教育孩子的任务就是为了让他们将来能够胜任他们所属的那个阶层的职责。

普及的、免费的，甚至强制性的学校教育已成为各个国家的教育目标。关于教育机会和权利的争论，也近乎销声匿迹。

第二节　造成新的教育兴趣点的原因

在 20 世纪即将结束的最后几十年里，教育注定要成为所有国家当务之急中的首选。教育，曾经是富裕国家和富人享受的奢侈品，曾经是公民为将来的生活做准备的一种手段，或至少是培养年轻人直到他们能够自食其力的一种方法，如今成了个人的权利和国家的必需品。

受教育的权利源于民主的观念，即每个人都应该有机会成为有智慧的人；受教育的权利同时也源于另一种特别的趋势，那就是，所有的国家均开始重视就业和工作的权利。当统计数据把个人的教育程度与职场竞争力以及收入联系起来时，其自然的推论就是：有工作的权利就理所当然地享有受教育的权利。

于是，民主思想就和教育是通向美好生活的唯一途径的信念交织在一起。1964 年，为了证明他大力发展教育的合理性，美国总统约翰逊曾经这样说，教育是他从佃农父母那里拿到的走向总统宝座的通行证。

教育被视为国家的必需品，因为教育似乎是一个国家通向繁荣和强大的必经之路。

其实，以上这些思想并没有多少新意。《大英百科全书》中关于教育史的文章曾指出："1866 年（译者注：即普奥战争）和 1870 年（译者注：即普法战争）的战争，可以看成是普鲁士教师（school master）的胜利，因为战争唤醒了西欧对普及教育的重视。"不过，话又说回来，当今世界关于普及教育的重要性的信念在广度和深度上都是史无前例的。以前，只有少数政府和个人持有这种观点，而现在各个国家的政府和绝大多数人都持有这种观点。

1965 年，林登·约翰逊（Lyndon B. Johnson）总统呼吁商人们支持增加教育开支，其理由是，教育是一种回报良好的投资[2]。他使用的证据是，一个大学毕业生在他的一生中要比一个初中生平均多挣 30 万美元。富足的人民意味着一个繁荣的国家。工业和技术的进步离不开教育的扩张，这是一种非常重要的观念。有文化、受过教育的公民越多，工业、技术和科学进步的可能性就越大[3]。第二次世界大战期间以及战后，当科学家们展示出教育所能发挥的重要作用以后，教育重要性的观念就更加根深蒂固了。

当然，这些观点为另外一种信念奠定了基础，那就是，教育是国家走向强盛的必经之路。工业的强盛、生产和销售新武器的能力，二者都依赖于科学与工程的发展程度。

1963 年，约翰·肯尼迪（John F. Kennedy）总统在对国会的演说中表达了以下广为人知的观点：

> 我们的国家正致力于在经济上取得更大的成就。最近的研究表明，在所有的投资中，教育是获利最多的投资。近几年来，教育对国力提升和生产率增长的贡献约占40%。在科学和空间技术发展的新时代，发展教育对于实现国家目标及增强国力意义重大。这个时代，需要通过教育来培养技能型人才和扩充智力资源，以抗衡极权主义世界的力量。这个时代，需要通过教育来催生科学的成就，以彰显自由的优越性。

这些主张影响了先进的工业国家。那些在二战后才获得独立的大多数发展中国家，虽然他们最紧迫的需要是建立各自的政府和公务员队伍，但这些国家中的大多数仍然希望尽快实现工业化。而教育又被视为工业化过程中不可或缺的部分，于是它们也不得不尽快地扩展自身的教育体系。

第三节　变化速度造成的局限性

基于本书对教育的定义，现行教育体系的规划和设想都是不人道、非人道，甚至是反人道的。一个日趋明显的事实是，这些规划和设想都不可能变成现实。遗憾的是，这些规划和设想的失败，可能会被看成是教育的失败。说到这里，我必须指出一个事实，即本书所定义的教育从未被实践过。

教育体系能够提供什么样的产品呢？它不能提供当下急需的产品，也无法立即修正当前的情况。一位美国的劳工部长曾提议，把学生离校的年龄从 16 岁延长到 18 岁，这样就可以让两百万年轻人退出劳务市场，以致缓解失业的压力。除了所需的楼房和设备之外，实施这个冒险的提议至少还需要新增 10 万名教师。选择和培养这样一支庞大的教师队伍，显然也需要时间。如果这个提议被采纳，那无疑是一个至关重要的补救措施。

即使教学楼和教学设备不是问题，也有了充足的、受过良好训练的教师，一项在孩子们六七岁时就付诸实施的教育方案，没有 10 年以上的时间，我们是不能期待其显现出什么样的"结果"的。既然检验一项教育方案是否成功的真正依据是学生成年后的状况，那么，一个教育体系只有在 1/4 个世纪之后，才能宣称其成功与否。

然而，在一个相对遥远的将来，我们很难判断我们所需要的产品。怎么才能知道我们将来需要什么呢？我们可以抽象地回答这个问题。例如，我们可以说，我们一直都需要保持繁荣和强盛。但是我们如何能够立足现在，判定繁荣和强大在 40 年后意味着什么呢？谁能够在 1906 年就预见到，在 1946 年走向繁荣和强大的关键在于科学与工程呢？而在 1906 年，繁荣和强大是通过殖民统治对土地和人民的剥削来实现的。

来自英国、法国、非洲以及分布在世界各地的发达和欠发达国家的证据一再表明：没有任何东西比预测一个国家"劳动力需求"更不切实际。就是在苏联，做预测的人似乎有权力让他们的预测成为现实。但是，计划工作者们也不能使教育与工作岗位的需求保持一致。他们试图根据对5年、10年或者15年专业人才的需求预测，来确定教育的配给。苏联教育政策之所以变化无常，在很大程度上是因为他们所预测的供需情况常常是一个败笔。赫鲁晓夫在1959年有过这样的评论："我们并没有任何在科学上行之有效的方法，来估计在国民经济的不同部门中需要多少专业人才、哪些类型的专业人才、某一类型的专业人才在未来的需求和状况，以及这种需求会在何时出现等状况。"[4] 在西方媒体上（1965年）发表的三份独立调查报告表明，苏联关于劳动力的预测实际上是行不通的。

关键性问题是变化的速度。对于应急的需求来说，当教育体系尚未组织起来以满足其需要的时候，这种需求或许就已过时了。而长期的需求，或者是假定在将来会出现的需求的不确定性，是因为未来的世界是变幻莫测的。

一个社会的技术化程度越高，它的教育就越不能过于专门化。其原因是，一个社会的科技越发达，它的变化就越快，专门化教育的价值就越有限。现在似乎可以有把握地说，最实用的教育就是最理论化的教育。

第四节 新兴趣产生的后果

在20世纪60年代，前述的局限性大部分都被忽略。相信学生入学能够创造奇迹的新信念，迅速蔓延至世界各地。最引人注目的结果是，男女学生人数在各级学校均出现了惊人的增长，与此相伴随的是各类教育机构在数量上蔚为壮观的增长。尽管还有一些迹象表明，法国的农民和工匠对教育比较冷淡和漠不关心的情况仍然存在，但是，家长们一般都要求他们的孩子接受比他们自己更多的教育[5]。而且，他们还渴望自己的孩子能够进入那些以前不对他们开放的学校。同时，政府开始用支持的态度看待这些对教育的需求，原因是他们假定，教育和国家繁荣强大之间存在密切的关联。关于这一点，我在前面已经述及。

20 世纪 60 年代，所有这些现象都是在全球范围内发生的。在西方发达的工业国家，重视发展教育的浪潮似乎很有可能瓦解经历数个世纪才勉强建立起来的现存社会结构。在发展中国家，快速增长的学校教育需求对资源所产生的压力，一方面迫使政府要对重点支持的教育机构的先后顺序做出决策；另一方面也迫使政府慎重权衡是否采纳带有西方国家特色的某些做法，如在不久的将来考虑实施免费中学教育等。然而，即便是在这些国家，人们对教育的热情几乎达到了毋庸置疑的地步，以至于他们宁可选择普遍贫穷落后，但所有人都享有均等机会的学校教育，也不要那种质量虽高但并不是所有人都可以享有的教育[6]。

这种令人惊叹的发展速度对教育提出了第一个主要问题。

注 释

[1] Vernon Mallinson, *Power and Politics in Belgian Education* (London: Hei-nemann Educational Books, 1963), pp. 59, 120.

[2] Commenting on one of the numerous reports to the same effect, that of the Committee for Economic Development, published in 1965, Philip Sporn of the American Electric Power Co. said," It is true that at the beginning of the report a caveat is very carefully inserted to the effect that improve-

ment in productivity and income is not the only or even the most important goal of educational improvement. Nevertheless, this is followed by half a dozen other statements tying together education and economic improvement. This, it seems to me, carries over the view of the professional economist that the education of our youth should be considered an investment. But I strongly differ with that view and that approach." (Mr. Sporn, however, associated himself with the CED statement; see *Raising Low Income Through Improved Education* [New York: CED, 1965] p. 43 – ED.)

[3] Cf. Fabio Luca Cavazz, "*The European School System: Problems and Trends*", *Daedalus*, winter, 1964, p. 394: "A general increase of productivity has as a necessary condition the existence of a good school system equally strong at both the base and the vertex, that is, of a school system which makes its selection from the largest possible part of the social body."

[4] Nicholas De Witt, *Education and Professional Employment in the U. S. S. R.* (Washington: National Science Foundation, 1961), p. 517.

[5] These pocket do not suffice to make France an exception to the general tendency. Some idea of the pressure building up there can be gained from a study of the results of the examinations for the *baccaluréat*, published in the summer of 1965. The number of candidates had increased to 159974 from 60000, in 1955. The number passed had increased to 96525 from 39000, in 1955. But the percentage passed was the lowest in ten years: it was 60. 3. When almost 40 per cent of the candidates for degree as important in the life of the students as the *baccaluréat* fail, some kind of explosion is inevitable.

[6] See Michel Debeauvais, "Education in Former French Africa," in *Education and Political development*, ed. James S. Coleman (Princeton, N. J.: Princeton University Press, 1965, p. 88: "Up to now African leaders seem to have given priority, for political and social reasons, to the development of elementary education. Although experts and international organizations recommend concentration on secondary education, which would train instructors as well as administrative and technical personnel, African leaders reply that they must first satisfy the needs for moderniza-

tion and progress among the mass clamoring for schools. " Cf. the decision of Uganda, in 1958, to limit expansion of primary education in order to release funds for secondary education, in David G. Scanlon, *Education in Uganda* (Washington: U. S. Department of Health, Education, and Welfare, Office of Education, 1964), pp. 14 – 15.

第 二 章

谁应当享受什么样的教育

第一节　重大问题：如何教育每一个人

如何教育每一个人，这是个重大问题。在历史上，人类从来没有直面过这个问题，世界也将不再可能回避这个问题。

几个世纪以来，报考一个教育体系内各层次学校的入学考试，以及用来测量该体系各个方面进展情况的标准，均是由这个体系自行建立的。这个体系的关键词是，准入资格和毕业资格，当然也包括课程。

但是，如果每一个人都应该上学，就必须有学校愿意接纳他们。如果每一个人都应接受教育，学校则必须以某种方式让他们留在学校，并让他们对学校的学习产生兴趣。当"教育是开启丰富人生之旅的唯一钥匙"这一观念广为流行时，存在于学生之间的歧视现象就必须废止。谁有权利剥夺别人追求有价值而又多产的人生的机会呢？

几个世纪以来，西方人一直相信，试图使每一个人都受到教育，其最终结果必然造成对现有教育体系的伤害：这个任务是如此巨大，而且个体间的能力差异是如此扑朔迷离，以至于任何已知的教育措施和方案，其效用都不可避免地会被降低，或归于失败。当普及学校教育的压力变得无法抗拒时，各种各样的壁垒就被构筑起来，以抵御即将到来的洪水。在短暂的普通教育之后，采用"突然死亡"式的考试方式，把成绩差的学生淘汰到在学术上被认为是劣等的学校。在同一所学校内部，则采用"分流"的办法，以防止劣等生干扰优等生。甚至还会开设专门的课程，供托马斯·杰斐逊（Thomas Jefferson）所谓的"注定要成为劳工的人"学习。职业教育被认为比较容易被这些劣等生掌握，也会更直接地引起他们的兴趣。

第二节　阶级和能力

每一种教育体系都是一门技术，其目标是生产社区所需要的"产品"。直到今天，我们都还不知道，那些在某种教育体系中成功的人之所以取得成功，是因为他们适合于这种教育体系，或可以说这种教育系统就是为他们量身定做的，还是因为他们确实有"能力"。

亚里士多德有一个著名论断：人的求知欲望是与生俱来的。科学研究支持这个论断，并进一步发现，人的求知欲望与其能力的发展相辅相成。新兴的教育兴趣催生了大量的实验，它们旨在探究哪些人有能力学习，以及以什么速度学习最为合适。有证据表明：只要儿童的大脑没有受到过损伤，他们就能学习基本的科目，并且他们能够接受所有科目教学的年龄也比我们猜想的早。于是，我们再也不能说有哪一个种族的成员是不可教育的。[1]

雷内·杜博斯（Rene Dubos）[2]评论说，据他判断近代遗传学上关于人类的最重要的发现是，只有非常少部分的基因禀赋——少于20%——得以表达并发挥出某种功能，绝大部分基因由于受到抑制而处于休眠状态。而环境决定了基因型的哪一部分得以表达，哪一部分受到抑制。

在此，我们立即会想到夸美纽斯（Comenius）说过的话：

> 不要想当然地认为，我们要求所有的人必须准确而深入地掌握所有的艺术和科学知识。这不仅没有任何用处，也是任何人在其短暂的一生中无法实现的。因为我们知道，每门科学都是如此广阔和复杂……即便是这个世界上最富有智慧的人，如果他们想彻底了解某门科学也须倾其毕生的精力……我们希望人们必须学习的，是与他们生活息息相关的事物的普遍原理、原因及其用途……我们必须采取强有力的措施，以确保任何人在其生命旅程中，遭遇不了解的事物时，能够辨别哪些判断是正确的，并能够适当地加以处理而不至于犯严重的错误。如果有人刻意地主张，某些人的智力是如此之低，以至于不可能获取任何知识。对此，我的答案是，我们不大可能找到一面模糊的不能反射一丁点图像的镜子，或者是，不大可能找到一块表面粗糙到不能在上面刻上任何东西的块状物。

第三节　来自苏联的教训

不管怎样评价苏联教育的局限性，俄罗斯人的经验都足以让我们明确地知道：苏联的教育给了那些持有这种观点的人当头一棒——那就是只有少数人才能够理解深奥的科学。苏联于1959年立法实施八年义务教育，要求7~15岁的所有孩子都要学习数学、物理与生物等科目的基础知识，并至少学习一门外语。我们对苏联学生的不及格率或辍学率知之甚少，但是从那些较为客观公正，或是怀有敌意的观察家撰写的报告来看，即便是根据西方社会的标准来衡量，苏联在这些科目上的教学都无疑是成功的。

当联想到苏联最初的教育基础时——被认为唯一适合学习深奥科学的中产阶级已被消灭，"条件优越"的家庭已被摧毁，虽幅员辽阔，但发展严重失衡。苏联的人口构成极其复杂，而且种族各自的语言、文化与传统相去甚远，文盲的比率也非常高，部分地区人口的文盲率甚至接近100%——我们或许要以敬畏和期待的心情来反思我们国家各个种族的状况。在欣赏苏联卓有成效的所作所为之余，我们要对提议在非洲的班图、美国（纽约）哈莱姆区，或密西西比州引入同样的做法可能产生的反响有充分的估计[3]。目前评判中国所取得的成就还为时尚早，但是有迹象表明，在比苏联的问题更为复杂的情况下，他们也将用事实证明，每个人都有能力学会如何使用自己的大脑。

第四节　环境与教育

只有少数人可以受教育的信念最初是由当时的社会、政治和经济方面的状况决定的，与肤色、种族、国籍、社会地位或者不同背景的人是否具有学习能力没有关系。通常的情况是，权势阶层垄断了有限的资源，机会只属于统治者，或者是统治者认为对于他们有用、需要庇护的人。正如闲暇是少数人的特权一样，人们想当然地认为，教育也是少数人的特权。为了维护这种观点，他们辩称，只有少数人有能力从教育中获利。

这种主张有些合理的成分，但却不是统治者所认为的那样。这种主张推论，有些人能够成为人，而另一些人则不能。在某种意义上讲，的确如此。人所创造的养育新生儿的环境也塑造了人自身。儿童，即便成年人也一样，若生活在冷酷的环境中，将会成为冷酷之人。所有的证据都表明，如果一个人的幼年时期生活在不良的环境中，其心智的发展必将受到阻碍。生活在贫民窟里的孩子只要还活着，其所思所想就会显现出贫民窟的印记，除非在他上学之前早就离开了贫民窟。在学校有机会对他进行教化之前，他的家庭和邻居就已经对其要发展成为一个什么样的人，产生了决定性的影响。

当贫民窟中出生的孩子有机会接受学校教育时，他们也很难跟上同班同学。1964 年，美国教育特派员在谈到纽约市的黑人贫民窟时曾经说道：

> 三年级的时候，哈莱姆中心学生的学业水平，与纽约市其他地方的学生相比，已经落后整整一年。到六年级时落后近两年，八年级的时候差不多要落后三年……从学业考试和 IQ 测试分数的分布格局来看，哈莱姆中心的教育已呈现出普遍的恶化状况。学生在校学习的时间越长，达不到规定的学业能力参照性标准的学生比例就越高。到了八年级的时候，所造成的伤害已难以补救。自那以后，黑人学生再也无法达到社会认可的学业水准了。

就教育而言，对孩子的期望值越低，他取得的成就会越少。教师不太可能是在贫民窟中长大的，他们将不会对来自诸如此类贫民区的孩子抱有太高的期望。他们倾向预言来自贫民区的孩子在学校不会有很好的表现，而这种预言多半是自我实现性质的。针对英国一些小学里被"分班"的孩子开展的相关研究表明：更多的，甚至达不到相应能力要求的中产阶级的孩子被分到了快班，而且分到慢班的工人阶级的子弟，在他们11岁的时候与其在5岁被父母刚送到学校时相比，显得还要迟钝。[4]

教育体系中最富戏剧性的事实莫过于，努力和结果不成正比。比例失衡的情况是如此的具有戏剧性，以至于吉本（Gibbon）评论道，"除非是置身于令人愉悦的氛围中，否则教学很少产生成效。而在愉悦的氛围中，教学本身似乎就是多余的"。教育必须与家庭、社区、习俗、大众传媒、营销广告和社会宣传等外部环境进行竞争。简言之，就是要与文化竞争。过去，教育体系为了避免与文化产生冲突，往往是量体裁衣，也就是在不至于产生明显冲击的情况下，其努力服务的对象只限于那些与学校情况较为适合的家庭的子女。例如，在欧洲的每一个角落，其教育体系均直接地致力于位居顶端的大学，来维护精英教育的等级秩序。普通大众受到的学校教育是有限的，要么是职业教育，要么是有限的职业教育。20世纪60年代，法国77%的学龄儿童，在他们11岁时候就已经被挡在了大学门外。分班制虽然没有在英国普遍推行，但分班造成的结果是很有效的，分在慢班的孩子在7岁时就已经知道，他们已经被认为是没有大发展的人。从理论上讲，虽然所有国家的规定都允许学生从一所学校转到另一所学校，或者从一种类型的班级转到另一种类型的班级。可是在实际上，只有极少比例的"劣势"学校或慢班的学生能够从这种转学规定中获益。

此前为所有人争取受教育机会的需求，现在则转变为对平等教育机会的需求。西方工业化国家似乎都在改变。"瞬间死亡"的考试方式，要么被废除，要么被弱化为并不那么致命。分班的做法招致越来越多的指责，在有些国家甚至被立法予以禁止。高阶教育组织逐渐被剥夺从低阶教育组织中自主招收学生的权利，对于那些不准备选修标准化学术科目的学生来说，在教育体系内若想谋求更大的发展也相对要容易一些。"综合学校"不再选择性地提供教育教学服务，似乎有可能发展成为未来具有典型意义的中学。

英国教育和科学部部长安东尼·克罗斯兰（Anthony Crosland）于1965年向所有地方当局通告，取消11 - plus（11 +）考试，并承诺所有英格兰和威尔士的中学生，最终会上同一种类型的学校。这种学校就是所谓的综合中学。

在世界各地，大学生的数量急剧增长，其盛况在一代人之前是不可想象的。在美国，大学生人数在十年中翻了一番。英国在二战之前只有3.5万名大学生，现在已经达到60万名。

第五节　走进真实的生活

没有一件事比为某个学生将来的去向做准备更为复杂。但是，包括苏联和美国在内的各个国家的统计数据，都显示出同样的格局：或是社会经济等级，或是父母的地位决定了一个人受教育的机会。那些在教育体系中受到冲击较少的人，也往往是走得最远的人。那些特别不适应教育体系的人，往往被贴上

"愚蠢"的标签，他们勉强留在学校的时间，不会比法律要求的年限更长。我们或许不应该用阶级的视角来思考问题，但是，我们的确认为，存在着不同种类的人，有些人适合接受教育（be educated），有些人则适合接受培训（be trained）[5]。这也意味着，我们没有预料到要教育每一个人。但随着教育需求和教育机构所承受的压力不断地增大，当防御的堤坝被奔涌而至的洪流毁于一旦，这一章所要讨论的新问题就会清晰而可怕地显现在我们面前。

教育体系长期以来都是把所有的奖励给予那些来自"良好家庭"的孩子。如果所有的家庭都有可能成为良好家庭，这样做将不会遇到什么困难。可是，如果孩子们的家庭背景形形色色——有的家境好，有的家境差——且都要被教育体系所接纳，那么各种人为的安排必将应运而生，以便接纳和教育他们[6]。

一个良好的家庭，是一个有藏书、有交流并尊重学习的地方。那些叫人怜悯的穷人之所以缺少这种"能力"，无疑是他们不利的成长环境所造成的。学校只能缓解环境对孩子可能造成的不利影响，而无法完全克服或拯救环境造成的负面影响。

从贫困家庭和不良环境中走出来的孩子，他们在学校面对的是一种异质文化。如果不能迅速适应这种文化，等待他们的只能是失败的结局。以前，辍学的孩子总还是有一些出路，他们要么被劳务市场吸收，要么被安排另外一些稍微宽松且更加"有趣"的课程进行学习，直到他们完成法定的受教育年限后，便离开学校。但是现在，由于对平等教育机会的诉求，所有国家都很难再坚持用这些补救的措施。所有国家都对技术变化对职业训练产生的效用提出质疑。而在有些国家，失业率居高不下，年轻人只能选择待在学校，几乎不再有可能把工作作为上学的替代品。

第六节　离校年龄

人们通常假定，一个人接受的学校教育越多，他的生活就会越好。由此推论，提高离校年龄对所有年轻人都有好处。唯一的问题是，国家是否能够负担得起延长他们在校时间而产生的相关费用。因此在 1964 年，英国国会依据 1944 年的《教育法》把学生离校的年龄提高到 16 岁，但这个规定要到 1970 年才生效并实施。延后生效的主要原因是，怀疑国家是否有能力承受由此而增加的财政压力，以及能否补充必需的师资力量。

5 岁时，所有的孩子都盼望上学。15 岁时，相当比例的孩子盼望离开学校。目前，盼望离开学校的孩子的比例是如此惊人，以至于与此相关的大量著作开始在英国和美国出版发行。这些著作还是重复了理查德·利文斯通先生（Rechard Livingstone）很久以前所表述过的那种疑虑，即把提高离校年龄作为衡量社区文化水平高低的尺度是否合适。有些作者，例如美国的刘易斯 A. ·德克斯特（Lewis A. Dexter）、保罗·古德曼（Paul Goodman）和英国的弗兰克·马斯格罗夫（Frank Musgrove），对年轻人在学校中遭受的失败和挫折对其所造成的不良影响尤为痛心疾首，以至于他们提倡要废除义务教育。治疗疾病的方法似乎比疾病本身还要糟糕。读者将会发现，当我们讨论教育和家庭时，是把义务教育作为一种社会进步来看待的。义务教育功能失调的补救方法就是，适当地发挥其功能。如何才能做到这一点呢？在第七章论述自由教育时，我们将会对其进行深入地探讨。

第七节 "辍学"

对于存在失业的西方发达工业国家来说，社会秩序与教育体系中最尖锐、最尴尬的现象之一是"辍学"，年轻人想方设法地尽快逃离学校。在美国，35%的高中生在毕业之前就已经自我放弃了。

在这种情况下，提高离校年龄至少对于那 35%的希望辍学的高中学生来说，就如同强迫他们增加服刑年限一样备感煎熬。的确，1962 年《纽约时报》刊登了来自南卡罗莱纳州加夫尼市的一则报道："四个年轻人因涉嫌一系列入室盗窃案而被送上地方刑事法庭。法官弗兰克·埃普斯（Frank Epps）在得知他们是辍学的学生后，决定给予他们两种选择：或者回学校继续读书，或者用铁链锁起来做苦工。四个人都毫不犹豫地选择了戴着锁链做苦工"[7]。

理所当然的是，那些既有兴趣读书，又具备资质的学生，不应因为由于父母认为教育无助于培养孩子们的赚钱能力、不愿承担他们读书的费用，而被迫放弃他们的学业。哪里有失业，哪里的辍学问题就会引起关注，其原因恰恰就在于，教育没有给予那些辍学学生想要的赚钱能力。不过，辍学并没有使他们和他们父母的状况得以改善。

学生长期以来被接受教育有助于提升获得赚钱能力的说法所吸引。如果在学校学习足够长的时间，他们将能够胜任多种工作。这种看法只具有统计学上的意义——个体可能觉得并不适用于自己——实际上，教育和工作之间的因果联系在任何情况下都并未建立起来。富裕家庭的孩子比来自条件较差家庭的孩子在校学习时间要长。然而，来自富裕家庭的孩子经济前途更加光明到底是因为他们在学校待的时间更长，还是因为他们有良好的出身，这并没有定论。

在就业形势比较严峻的时期，教育体系极有可能等同于企业的人事体系。二战以后，日本的劳动力市场一直处于疲软的状态，但其高中、初级学院和本科毕业生的数量却在急剧增加，这就导致许多工作岗位大大提高了对申请者的受教育要求。那些原来只需受过初级训练就可获得的工作，现在则要求申请者至少中学毕业。原来是对中学毕业生开放的白领工作，现在只有大学毕业生才能申请。同样的情况正在世界各地发生。如果有一天美国的高校毕业生的数量和现在的高中毕业生一样多，那么现在要求从业人员需要有高中文凭的工作将会要求他们具备大学文凭[8]。

如果一位雇主要在受过很多教育的人和受过很少教育的人之间进行选择，那么他更有可能选择受过很多教育的人。这不是因为受过更多教育的人更能胜任这份工作，只是因为这是一种简单的筛选申请人的方法。这种做法强化了这样一种观念：一个人受教育越多，受到雇用的可能性越大。但是，对于那些潜在的辍学者而言，仍然存在着一些疑问，那就是，这种联系的本质和基础是什么？——事实上，疑问是如此之多，以至于他们不愿意为了一个以如此神秘的方式逐步积累才能得到的奖赏而每天忍受极其不愉快的折磨。

第八节　美国解决问题的方法——使每一个人都受到教育

在美国这个西方最先进的国家，用税收支持精英教育的观念从来就未曾占据上风。其主要原因是，这种制度被认为是不民主的。加利福尼亚几乎是美国所有州中试图在公立大学坚持高标准教育的唯一的一个州。不过这种做法并没有延伸到中小学，对州立学院和初级学院也只是有一定的支持，这样做的目的，主要是为了接受那些达不到大学入学要求的学生。

总体上讲，美国已开始致力于让每一个人都受到教育，并尽可能使他们在学校学习尽可能长的时间。接下来的问题是，那些古老结构正在坍塌的国家，能否从美国的经验中获得一些启示。

来自"良好家庭"的孩子更容易适应现行的教育体系。这一普遍现象在美国也不例外，美国也只是刚刚开始面对教育每一个人的问题。技术的变化是如此迅速，为特定工作提供培训似乎已没有用处。大部分工作并不需要多少培训，在学校里如果为此进行专门的准备，可以说是浪费时间。20世纪60年代，年轻人的失业率是成年人的两倍，那些辍学的人已很难找到工作。

总的来说，美国的解决方案是把入学等同于受教育，把在校学习时间的长度，界定为受教育的程度。所以《大英百科全书》（1968年）中"中学教育"这一条目指出："一张高中文凭仅仅意味着，它的拥有者在学校度过了一定的年限，或者是累积修完14～16门不同的科目"。按照本书开始时对教育的定义，允许孩子进入学校不等于让孩子接受教育。这样做也许有一些其他优点——学校是一个熔炉，在孩子们有能力工作之前，学校可以使他们远离那些糟糕的场所。学校还拥有照看孩子身体健康和针对需要特别关注的孩子进行"社会化"教育等方面的便利。1964年下半年，美国陆军医务部外科事务局（the Army

Surgeon General）对 183535 位 "不在学校读书，但其他方面符合兵役要求" 的 18 岁青年进行的研究测试表明：25.8% 的人因为 "心智" 原因——也就是教育的基础较为薄弱而不具备入伍资格。接受测试的 18 岁青年中，在各州达不到入伍资格的比例的分布情况相差悬殊。最低的是俄勒冈州，仅为 7.4%；最高的是北卡罗来纳州，高达 58.5%。

美国的教育体系是如此的多样化，在 50 个州中有 40000 个（中小学）校董事会和 2000 多所大专院校。对美国教育体系进行任何一般性地概括，都会碰到许多例外。可以肯定地说，美国并没有真正解决让每一个人都受到教育的问题，而是选择了逃避。当就业机会比较充裕时，这种逃避或许是可以容忍的。但在就业机会减少时，这种逃避就不会得到宽恕。

尽管任何教育体系在某种程度上都是监护性的（custodial），可是从长远的观点看，没有一种教育体系能够仅仅以此为依据来证明自身的合法性。在美国之外的其他国家，也有人对此提出了质疑。一位英国学者在 1964 年写道："中小学和高等院校耗费了大量时间和精力，我们要求其对此做出适当的解释应该是合情合理的。我个人猜测，一个英国人初期所接受的 15 年教育对他们的作用微乎其微……他所接受的教育大多是监护性的——其作用只是使他免于流浪街头。"

第九节　教育与文化

教育再次受到高度重视，其后果之一是：当遭遇任何社会问题时，大家立刻就会想到教育，并会草率地认为教育就是解决这些问题的答案。现在很流行的说法是，"归根结底还是教育的问题"。然而，如果文化的全部力量均指向于诸如培养生产者与消费者之类的事务时，期望纯粹的学校教育体系能够担当起促进人类智力发展的任务的这种想法是幼稚的，甚至是自欺欺人的。既然政治是特别强调体系同构的学问，教育体系则必须反映文化中占统治地位的主题。将社会问题诉诸教育经常被作为一种手段，这可以避免正面回应所必然带来的思索、努力以及混乱的风险。

自20世纪中叶以来，人类已经具备毁灭地球和飞向太空的能力。这是人类历史上最重大的两项成就。如果与之相关的知识能够得到明智的利用，在人类辉煌的征程中，或许将会迎来一个新时代。反之，等待我们的将是世界末日。

1962年，《大英百科全书》编委召集一批精英人士开会讨论《技术秩序》一书。他们一致认为，技术进步如此迅速，其后果不容小觑且无法预见，必须采取某些措施对其加以控制、规范和引导[9]。至于如何才能做到这一点，这次会议也想不出任何其他的办法，最终还是把教育作为解决问题的希望所在。

与会者认为，危机或者说是一系列危机正在逼近我们。由于教育具有滞后性，以之作为化解危机的主要措施，显然是太迟了。不管是基于何种情况，把教育作为解决问题的处方，多少有点痴人说梦的意思，抑或是言过其实，在现实中根本行不通。认为教育能够使我们掌控技术，就等于是说，"如果我们较为明智，我们就知道应该做什么。教育的目标是使我们变得聪明。所以，让我们都去受教育吧"。

这一主张适用于应对不确定的未来，却无法解决当前的问题。世界各地教育的目标不在教人智慧，而是为了帮助他们获取财富和权力。因此，这些教育体系所追求的效果就是加速技术的变革而无须考虑它的社会后果。如果是这样，那么和这次会议赋予教育的使命相比，恰恰是一个完全相反的结果。

一个宣称通过发展教育济世救贫的人，却忽略了为贫民窟的居民做点实事。一个视发展教育为首要条件的贫穷国家，却懈怠于帮助民众摆脱饥饿。那些嘴上将教育作为解决种族问题、谋取持久和平和矫正青少年犯罪等唯一手段的人，常常又似乎是在表示他们对这些课题没有多大兴趣。毫无疑问，如果因此而招致一些麻烦，他们的确不会有兴趣。

20 世纪 60 年代，国家为改善西部地区萧条、落后、贫困的办学条件，倾注了大量的精力和财力。这些努力的目的是高尚的，值得所有思维正常的人给予支持的。但是，除非把同样的精力和财力用于改善学生的生存环境，否则此举注定不会产生大的效果。一项对纽约市 400 名"有犯罪前科"女生所做的六年研究表明，尽管在教育体系内给予了这些女生各种特殊关照，但与那些没有给予任何特殊关照的控制组相比，却并没有产生更好的效果。这些女孩子们依旧生活在那种容易滋生犯罪的文化之中。

除非一个国家的文化有着和教育同样的目的，否则任何一个国家的教育都将无法独善其身。如果一个社会旨在通过运用技术来实现繁荣富强，其结果必然是雅克·埃吕尔（Jacques El-lul）所预见的那样：

> 教学必须对生活有用。今天的生活依赖的是技术，进而言之，高于一切的要求是：教学必须与技术相提并论……教育……正倾向把造就专门化的技术人员作为自己的目标定位。其结果是，教育只能基于有用性作为现行的

衡量标准——也就是契合技术集团结构和需求的人，倾向开发个体限于其日后成为技术集团一分子来说才是有用的方面。从履行批判功能的意义而言，知识精英将不再是社会的楷模和良心，也不再具有知识分子的那种积极进取精神。他们将变成任由差遣的仆人、极端的保守分子和技术的工具……教育不再是在人类启蒙进程中不可预知、令人兴奋的探索，而是一种程式化的练习，是一种只要是对技术的世界有用而不管是什么小玩意都不会错过的学徒训练[10]。

第十节　教育与家庭

前文已经提及，学前生活对一个孩子在学校中的成长具有决定性的影响。在未来，肯定会有一场运动来减少家庭对青少年成长的不利影响。实施普及的、免费义务教育就属于这种性质的一种尝试。此举意味着，社区代替家庭扮演着孩子监护人的角色。这样一来，孩子们至少在有些时间里是不受他们家庭环境的限制，并在某种程度上可以阻止他们遭受自己家庭的剥削[11]。人们似乎达成一种共识，即早期生活对个体的成长具有根深蒂固的影响，所以，儿童入学的年龄将变得越来越小。以前只对特权阶层开放的寄宿学校，现已在酝酿对所有的学生开放，特别是那些遭受"文化剥夺"（culturally deprived）的学生。在苏联，除设法减缓"文化剥夺"之外，他们还有意兴办寄宿制教育机构。这种寄宿制教育机构均有设立托儿所和幼儿园，并被认为是其未来教育体系中富有特色的部分。虽然官方谨慎地宣称，家长拥有掌控自家孩子教育的绝对权利，家庭是苏维埃社会的中心。但事实上，除节假日和寒暑假之外，孩子都生活在寄宿学校[12]。

我们所具备的知识水平不允许我们说，把孩子与其家庭——哪怕是"问题"家庭——分开是对他们最为有利的。举例来说，母爱对个体发展有积极作用，不良家庭对个体发展有消极影响，如果在两者之间权衡和取舍，没有人能够说得清楚。为了让孩子免遭其家庭的不利影响而将他们从其父母身边带走，这或许也是一种不幸[13]。克莱尔和 W. M. S. 罗素（Claire and W. M. S. Russell）在他们所著的《人类行为》一书中，从西方的观点出发，并基于科学的证据得出如下结论[14]：

> 即使存在不少缺陷，以家庭为单位的行为的代际传递是人类业已形成的最为先进的行为遗传方式。这种方式具有包容的特点，有助于维护人类行为的差异性和多样性。先进文化的特征是，父母享有把子女抚养成人的自由，社会能够提供良好的教育设施，并且能够在父母对孩子们的影响特别严重和恶劣的情况下，采取必要的干预。这或许就是大家常常挂在嘴边的"民主"一词的最优标准。

关于家庭这一角色的可能变化及其构成，有必要在别的地方予以专门讨论。在这里，我只想强调的是，把孩子从不良家庭中带离的最好替代方式是，让这些家庭变得好起来。从教育的角度看，减少长辈们的工作时间，或通过新的设备将教育传输到家中，就可以达此目的。有了自由时间，并有了把任何人想学的任何知识放到电视屏幕上的装置，家庭就能够成为一个学习型组织。甚至还有这样一种可能，尽管或许有不如人意的地方，我们可以把孩子们应该接受的全部教育，以及与父母密切相关的继续教育，均安排在家中进行。

第十一节　学校的替代措施

一个 16 岁的男孩，如果他的心思不在学校，但还被要求必须继续留在学校接受教育，就并非是理所当然的了。去工厂或农场干活都不是上学之外的唯一选择。在后文中，我们将谈到成年人的教育，以及创建学习型社会的可能性。这里只需指出一点，达到一定的年龄之后，赋予个体选择离开和重返学校的机会是很重要的。交替安排在学校学习与从事其他活动的时间，将会受到鼓励而不是反对。因为违背个体意愿的教育是低效的，甚至是劳而无功。

在高失业率的国家，其工业和农业无法为那些希望暂时离开学校的人提供就业机会。为此，我们期待政府能够积极介入，建立一些类似国家资源养护队（Civilian Conservation Corps）性质的企业。美国在大萧条时期建立了类似的企业，使得美国在那个特殊时期较好地解决了年轻人无所事事的问题[15]。

第十二节　本章主题

本章的主题是，每个人都必须接受教育，这个目标有望在 21 世纪实现。当然，这并不是说每个人都应受到同等速度、同等方式和同等程度的教育。那些到了学校就如同置身异域文化的学生，比起那些能够从家庭顺利融入特定教育体系的学生，必然需要花费更多的时间、受到更多的关注。即使是最僵化的教育体系，也不会硬性要求所有的学生按照同样的节奏齐步发展。教育教学必须照顾那些来自异域文化学生的特点和现有基础。如果教育的目标是尽可能帮助每一个人成为有智慧的人，那么，不管采用何种方法，无论教授何种科目，只要能够说明手段和目标之间存在着合理的联系，都应该允许尝试。

在人生的任何阶段，有关方面都不应该因为学校没有提供相关课程，或者以学生不具备必要的学习某方面课程的能力（这些判断通常基于过时的成见）为理由，去阻止孩子们学习那些有价值的，并且适合于他们的课程。

如果人人都应该受到教育，一个迫在眉睫且至关重要的问题是，他们必须理解其每天在学校（包括中小学与大学）的所作所为和这个最终目标是什么样的关系，以及为什么是这样的关系。旨在为某些实际上并不存在的工作而对孩子们进行培训的教育体系，或者其课程安排只是便于学生获得职业或专业证书却与职业本身的内在需求没有关联的教育体系，或者学生只需在学校应付一定的时间就能够敷衍他们就业或具备某些岗位资格所需基本条件的教育体系，学生辍学将会不可避免，并为此承受失败的痛苦。有人据此宣称，希望人人受到教育的理念是失败的。

当教导一个男孩并让他相信，如果他选择上大学就有可能成为银行总裁，如果他中途辍学就只能去挖地沟，但不管他怎么努力，其结果还是得去挖地沟时，他势必认为自己受到了误导，并对那些当初劝导他好好学习的人心存怨恨。认为教育能够保证受教育的个体将拥有更加光明的社会和经济前景的观念是不切实际的。教育能够增进理解，而理解本身就是一种财富的观念，则是切实可行的。就本书对"教育"一词的理解而言，一个教育体系能够在多大程度上体现教育的性质，这个教育系统就可以在同等程度上使孩子们做好应对任何情况的准备。在一个快速变化的世界里，一个教育体系越是自称能让学生胜任某方面的工作，就越有可能给学生造成一种上当受骗的感觉。

第十三节　精英教育和全民教育

20 世纪 60 年代，一个普遍的构想是，为了接纳不同类型的学生，包括许多来自异域文化的学生，必须废除那些精英型学校，或者是将精英型学校进行改造，以便招收那些能力有所欠缺，但坚持要求进入这类学校的那部分学生。

然而，真正的问题是，精英型学校所提供的教育是不是就是我们所想象的那种最好的教育。如果精英型学校所提供的教育只是贵族阶层的子弟所必须经历的一种传统仪式以及彰显他们"优势性"的一种手段，那么就没有必要从满足贵族阶层子弟或其他群体学习需要的角度，去谈论它的存废及改革问题。如果精英型学校所提供的教育确实是最好的，那么，依据我们对教育的理解，那它就应该向每个人开放，而不能再用任何理由拒绝任何人了。非但如此，现在的种种情形均可以说明，为什么人人都应该接受这种精英教育。

毫无疑问，精英学校在许多国家都受到传统因素和功利行为的拖累。但总的来说，它的目的在于帮助学生尽可能成为有智慧的人，提高他们的理解力并解放他们的思想。这种学校是专门用来传授从事智力劳动所需要的技能，使学生熟悉与其生活密切相关的知识传统，并为他们开启未知的世界。概言之，这就是所谓的自由教育，即适合于自由公民的教育。如果人人成为自由公民，那么，所有的人都应该受到这种教育。

上述泛泛的考察并不妨碍我们从反面批判声称是自由教育的任何教学项目。然而，这也的确表明，精英型学校不应该废止，其目标应指向全民教育。我再重复一遍：这个结论并不是要我们形式化地遵从过去或是现在的自由教育课程和方法。自由教育的课程和方法必须根据新时代的新任务，重新加以考虑。新时代的任务是，以人人必将实现思想自由为目标来规划和设计教育。

第十四节　为什么自由教育正在走向没落

自由教育因名声不佳而正在走向没落。这个名声就是所谓的"贵族气派"。精英型学校的所在地，曾经是特权阶级的大本营。因此，围绕自由教育而建立起来的教育体系，往往只允许招收特权阶级的学生，或者至少让特权阶级之外的学生难以涉足其中，或者即便是接收特权阶级之外的学生，但不会让他们轻易地完成相关学业。事实上，总是有人在想一切可能的办法，以阻止对自由教育进行必要的改造，力图保持自由教育的古典结构。当然，我们也不能因为自由教育曾经只限于为统治者或有闲阶级服务，就认为它一无是处。现在，人人都是统治者，都将拥有一定的闲暇时间，自由教育可以进行扩展并惠及所有人。

注 释

[1] "We begin with the hypothesis that any subject can be taught effectively in some intellectually honest form to any child at any stage of development. It is a bold hypothsis and an essential one in thinking about the nature of a curriculum. No evidence exists to contradict it; considerable evidence is being amasses that supports it." Jerome S. Bruner, *The Process of Education* (Cambridge, Mass.: Harvard University Press, 1960), p. 33.

[2] In *Man, Medicine, and Environment* (New York: Frederick A. Praeger, 1968).

[3] 译者注：班图人为赤道非洲和南部非洲国家的主要居民，班图民族是非洲最大的民族；哈莱姆区是美国纽约曼哈顿的一个社区，曾经长期是美国黑人的文化与商业中心，也是犯罪与贫困的主要中心；密西西比州位于美国南部，是美国黑人比例最高的一个州。

[4] See Brian Jackson, *Streaming* (London: Rutledge and Kegan Paul, 1964), pp. 144 – 145.

[5] The Law of Pennsylvania requires schools to group children with IQ's of between 50 and 75 into retarded educable classes and below 50 into retarded trainable classes. This in spite of the fact that the IQ is a function of the environment, including the environment of the school.

[6] H. L. Elvin quotes Jean Floud as follows: "Only in the post-war period has the continuing attempt to democratize secondary and higher education in unfamiliar conditions of full employment and widespread prosperity confronted us with the need to formulate the problem more subtly and to see social class as a profound influence on the *educability* of children." education and contemporary Society (London: C. A. Watts & Co., 1965,) pp. 46 – 47.

[7] Quoted in L. F. Cervantes, *The dropout* (ANN Arbor: University of Michigan press, 1965), pp. 196

[8] "A further factor which favors honors degree is that African employers (again aping practice in England) offer preferential treatment and financial inducements to graduates with honors degrees, even for posts where specialization has no relevance whatever." Eric Ashby, *African University and Western Tradition* (Cambridge, Mass: Harvard University press,

1964), pp. 33. （译者注：作者加此注释，或许是想说明：荣誉学位的情况可能另当别论。）"As more and more youths complete levels in the educational ladder, the qualifications for positions also rise. Soon, unemployment may even reach the level of the university graduate." L. Gray Cowan, James O'Connell, and David G. Scanlon (eds), *Education and Nation-Building in Africa* (New York: Frederick A. Praeger, 1965), pp 24. See further W. Arthur Lewis in the same Volume, p. 203: "As the premium for education falls, the market for the educated may widen enormously. Jobs which previously were done by people with less education are now done by people with more education. The educated lower their sights, and employers raise their requirements...Similarly, ten years ago people wondered what the United States would do with its flood of college graduates; but as the premium on college graduates has diminished, businessmen have decided to hire increasing numbers even for jobs requiring no special skills."

[9] Carl F. Stover (ed.), *The Technological Order* (Detroit: Wayne State University press, 1963). See especially, p. 266.

[10] *The Technological Society*, trans. by John Wilkinson (New York: Alfred A. Knopf, 1964), p. 349.

[11] "Thus in 1869 a serious move to prevent children of under eleven years of age being employed in factories was defeated on the argument that it was better to have them working in conditions that could be rigorously controlled than no have them mercilessly exploited at home." Mallison, *op. cit.*, p. 174 – 175. The reference is to Belgium.

[12] Jeremy R. Azrael, "Soviet Union," in Coleman *op. cit.*, p. 258, n. 92, says, "See *Novy Mir*, July 1960, for an article in which the dean of Soviet economists, S. G. Strumilin, depicts the Communist future as follows: 'Any Soviet citizen who enters the world will automatically be placed in a nursery, moving on to a children's home and then, at the appropriate age, to a boarding school.... We are completely opposed to the tradition which regards children as the "property" of parents." This future seems to me so far off as to be not worth thinking about. The cost of boarding schools for everybody is so great as to Mr. Deineko, *Public Education in the USSR*. (Moscow: Progress Publishers, 1964), p. 229.

That "the numbers of pupils in boarding schools has reached 2. 4 million in 1964. " The primary reason for the establishment of boarding schools has been to enable both parents to work. If there is a change in the demand for labor, there may be a change in plan for boarding schools.

[13] "In most Kibbutzim, children live in 'Children's Homes,' from birth onwards.... This early 'socialization' of the child was introduced originally, partly on ideological grounds-to curtail the 'home' as a nucleus of selfish and 'bourgeois' interests; to 'free' the woman, and enable her to take an equal part with men in the work of the farm; to accustom the child to collective life, to co-operation with other children, etc.; partly also for purely technical reasons-to ensure decent housing for the children at least.... It was subsequently defended on psychological and educational grounds, too.... But there has been a swing-back in recent years. The ideological considerations have lost their force; the woman cannot equal the man in farm-wok, and is usually relegated to service and domestic care of children, edc.; let her at least be queen in her own home. As to the children, they need a corner of their own, and a mother's love. At all events, the home plays a much greater part in all Kibbutzim now than it did formerly. " Joseph S. Bentwich, *Education in Israel* (London: Routledge and Kegan Paul, 1965), pp. 113 – 114. Cf. the author's conclusion, p. 194, "There is, it seems to me, no hope of giving and adequate education within the framework of the ordinary day-school, usually only a morning-school. "

[14] Boston: Little, Brown and Company, 1961, p. 194.

[15] 译者注：1929 年 10 月 29 日，以纽约股票市场崩溃为起点，美国陷入有史以来最严重、最深刻的社会经济危机之中。为解决因经济大萧条而引起的城市青年失业问题和工业化所造成的环境恶化问题，作为罗斯福新政的一项重要举措，美国于 1933 年建立国家资源养护队，征募失业人员从事森林和土地资源的保护工作。此项举措，不仅对环境保护和解决失业问题功不可没，也起到了人力资源开发的显著成效。

第 三 章

为了国家繁荣富强的教育

上　工业国家

第一节　"人力资源投资"

教育在 20 世纪最后几十年的趋势，大抵可以用"人力资源投资"这几个词来概括。到目前为止，在曾经对矿山进行生产、运输、销售投资的地方，我们看到了对知识的投资。这种对知识的投资又常常集中在基础知识领域。例如，对原子的知识投资，导致了氢弹的发明。与之前认为是教育导致了年轻人远离劳动力市场，降低了他们在经济发展中的生产能力这种观念相比，现在的观念普遍认为，一个人获得的教育越多，或者说他在学校待的时间越长，他的未来就会越好。一个国家中受教育的公民占的比例越高，这个国家就越繁荣富强。因此，教育在世界范围内唤起了一种新的热情。

西方和东方工业国家的差别，已经工业化和正在工业化国家之间的差别，仅仅是一种程度上的差别。东方的工业化国家，更加重视科学与技术，发展中国家则受到相对贫困和普通教育观念落后的制约。拉丁美洲、亚洲、非洲和中东数以百万计的人民，还没有感受到教育革命的影响，就像他们还没有直接感受到科学和技术革命的影响一样。但是可以相当有把握地预言，这两种相互关联的革命终将席卷全球。

拥有太多知识或者太多有智慧的人看起来都是不可能的。如果像本书定义的那样，对人的投资就是对教育的投资，那么这种投资最终是会受到普遍欢迎的。当我们把这种思想运用到以提高物质发展水平，推动国家强盛和繁荣上时，问题就随之而来了。

毫无疑义，对人的明智投资，特别是对科学家和工程师的投资，将会带来某种产品的产出。可是，科学与发明的历史表明，我们很难判定对哪种科学和工程的发明是明智的，哪种是不明智的。这确实是一件很难的事情。即使假定，在选择的过程中，我们有高百分率的好运气，问题仍会存在。教育是否应该瞄准这个目标？如果是，那又如何才能实现该目标？

对于该问题，奥尔特加·加塞特（Ortega Y. Gusset）这样提问："你认为有了钱才会有科学吗？"科学发展需要的是适宜的文化生态，科学是科学传统的产物。共产主义俄国突然决定发展科学，他们荒唐地认为科学就是简单地将人力和物力放在一起，而忽略了 1917 年以前的俄国科学长期的有特色的发展历史。科学是理解世界的系统尝试。如果科学被直接导向更短期的、"实际"的目标，那么科学就可能会枯竭。

第二节 "知识产业"

任何产业的目标都是生产和销售物质产品。我们不会说

"宗教产业"或者"哲学产业"。但在 20 世纪 60 年代，大多数人却认为，"知识产业"是对教育和科研机构的一种恰如其分的描述。知识产业是一个国家有能力生产和销售物质产品的工具。知识产业是一个国家能产生物品制造与分配能力的手段，其成败取决于其能否成功地生产出有助于构造研发领域中所需的"知识工人"的机构或组织。

知识产业必须实施精细的管理，否则整个系统就会自暴自弃。自 20 世纪 60 年代开始就有迹象表明，人们不惜以牺牲教学中所需的人力和资金为代价，期望从科学和技术的研究中获取直接有用的结果。政府科研基金提供的大笔奖赏使最优秀的年轻男女投向科研成为可能。教师不再是人们向往的职业，因为他们只为本地人所熟知，他们要和文章能在世界范围传阅的研究人员竞争。

从 1940 年到 1964 年的二十余年间，美国联邦政府花在研究和发展上的支出增加了 200 倍。这些科研基金大多数投向了少数大学，以及这些大学中的少数成员。在这些大学中，教师对教学的兴趣逐步减退，人们不时看到担忧教学质量退化的报告。

1963 年，一项对美国 3000 名高校教授的问卷调查表明，不管是大学还是学院，不管学校规模是小还是大，不管哪个专业方向，不管什么职称，不管花了多少时间在本科教学上，教授们都希望进一步减少他们的教学时间。这个群体中所有的人都希望增加研究生的教学时间，特别是科研的时间。

1964 年，一份来自卡内基教学促进基金会的报告，把上述情况称之为高等教育的"价值危机"。这份报告把"无限制的研究基金、咨询机会、容易升职、眼花缭乱的职位供给"看成是这种价值危机的原因。报告声称，"重金收买"很可能导致教授们对"院校毫无任何忠诚"。从他们的观点看，在挖空心思寻找更多更好的科研经费、更丰厚的咨询费、更高的薪水、更高的学术职位的过程中，学生们只是一个个障碍。显然，这是一种扼杀知识产业的行为。

第三节　对科学家和工程师的需求

有预测似乎暗示，在未来的 25 年中，对科学家和工程师人数的需求，要多于所有其他领域需求人数的总和。虽然现在对那些所需科学家和工程师的训练比过去更专业、更精细，但是没有可靠的证据表明这些人的数量会增加。在美国技术革命的高峰时期，还有许多工程师失业。有人说，发展中国家需要科学家和工程师的数量是无限的。可是，在 20 世纪 60 年代，希腊、印度、埃及却是那些训练有素的高素质人才的出口国，而据说这些恰恰是所谓发展中国家所需要的人才。

现在，计算机已经能够为计算机编程序。计算机能够做工业设计师所做的工作。那些旨在通过制定相关的教育政策，培养大量科学家和工程师来增强国家实力和繁荣的人，最好听到应该把注意力放到人力资源的质量而不是数量上的劝告。

第四节　科学技术时代"适销的技能"

那些旨在对提高国家实力和繁荣有兴趣的人经常假定，为了掌握工业的操作方法以及谋生的技能，产业劳动力需要大量的科学和技术教育。

事实上，第二次世界大战之后，对教育产生新兴趣的最重要且唯一的原因是人们相信一个新的科技时代已经对国家和个人开启。如果国家和个人要繁荣，甚至要生存，就应当有更多的教育，特别是科学和技术的教育。

稍后，我们再回过头来讨论是不是所有人在科技时代都需要科学和技术的教育这个问题。在这里，我们暂时只关心以谋生和安置产业系统人员为目的而增加科学和技术训练的所谓必要性。这种训练真的能够提供"适销的技术"吗？

除科学家、工程师和技术维修人员之外，自动化产业中工人的工作其实不需要任何教育。对于他们的工作来说，他们甚至不需要会读、会写、会做算术。未来工业中的普通工人只要能够看得见红灯是否亮起，或者听得到哨声是否响起足够了。可以想象，一个文盲西班牙"客串"女工（Gastarbeiterinnen）正在监控西德的自动面包机。她们骑着自行车在烤箱前来来回回。当警报信号响起时，她们就报告给修理人员。由于不会讲德语，她们就用按电钮来报告发生的情况。

第五节　工业国家中随机应变（市场）的教育

在先进的工业国家中，由于大部分实践教育也是最理论化的教育，以至于以理解为目标的教育系统对增强国家实力，促进国家繁荣做出了最令人印象深刻的贡献。而那些以增强国力和繁荣为目的的教育系统，将无法实现他们的雄心，也无法实现对这个目标的理解[1]。这只是普遍规律中的一个例子，我们应该时常在别的关系中检验这样一个判断，即教育受益是间接的。大脑不是贮藏器，信息也不是教育。教育是那些从教学中接受的信息被遗忘后，还留存下来的那些东西。例如概念、方法、思维习惯等都是教育留下的，教育是能够发挥辐射效应的积淀物。至少在发达的工业国家里，希望用随机应变的教育来增强国力创造繁荣，就像用初、中、高级的婚姻课程来降低离婚率一样，幼稚可笑。

下一部分我们将会看到，是否我们对教育所做的结论也同样适用于经济的发展。

下　发展中国家

第一节　资源和人口

在先进的工业国家，如果有一个国家宣称不能负担得起一个适当的教育系统，那么，这个声言就会套上一个凹环（a hollow ring）：它意味着这个国家不重视教育。大部分发展中国家都很穷，可是它们中的许多国家，在 20 世纪 60 年代，为教育做出了超常的努力。他们人口增长的速度，快于他们对教育开支增长的速度，结果，世界上绝对文盲人数的增长比学生人数的增长还要快。

拉丁美洲的人口以每年 3％ 的速度增长，6～14 岁的适学年龄人口占到总人口的 22％。仅以小学的开支为例，每年每个学生需要 30 美元，如果让每个学龄儿童都上学，其开支将是拉丁美洲所有国家国民生产总和的 6.5％。巴西是拉丁美洲国家中比较繁荣的国家之一，有大约 10％ 的学龄儿童入学，和 1890 年相比增加了 7％，可是十五岁以上的人口中，文盲人数却从 1990 年的 600 万增加到了 1950 年的 1500 万。

第二节　流行的假定

我们这一时期的共同假定是，教育是通向国家发展的道路。修建学校和大学，几乎被公认为会自动实现国家的工业化，进而带来繁荣。如果特别地把教育的重点放在科学和技术上，这种假定就被认为更具有真实性。

人们最常强调的教育目标，不是通过使用他们的大脑来加深理解、提高智力，或者帮助人称之为人，而是经济的增长。如果用本书对教育的定义来衡量，这个目标是非人性、不人性，甚至是反人性的。

还有一种更实际的反对这种教育理念的理由，那就是——它不会行得通。它之所以不会行得通，是因为它把教育放在与文化竞争的地位，而教育并不拥有文化所拥有的权利。

教育为经济增长服务的概念，可能来自对因果关系的误解。如果我们能够看到各个国家教育的全景，我们就很可能得出和 C. 阿诺德·安德森（C. Arnold Anderson）一样的结论，"正规教育的数量和经济的发展只有某种程度的统计联系"[2]。安德森甚至指出，用收入预测小学生的入学率，比用小学生的入学率来预测收入要好。他进一步指出，受教育的程度常常像其他资源一样，是成长过程中的副产品。他指出，沙皇时期的俄国与现在大部分不发达的国家相比，是一个高收入且享有生产高速增长的国家。但是 1897 年的人口统计结果显示，只有 44.3% 的，年龄介于 30 ~ 39 岁的男性具备阅读能力。

工业化过程中伴随着教育的扩张，人口受教育的时间和人均国民生产总值之间存在着高度的相关性。问题是，是受教育的时间导致了高 GNP，还是高 GNP 导致了受教育时间的增长。美国成为一个伟大的工业强国，是否是因为她的教育系统呢？只有美国才能负担得起像美国那样的教育系统。发展中国家应该效仿美国的教育系统，并以此希望他们能够取得像美国那样的发展水平吗？当我们开始讨论这个问题时，我们应该记住 T. 巴洛格（T. Balogh）和 P. P. 斯特里顿（P. P. Streeten）的警告："最广泛使用的美国数据，并不提供教育开支和高收入之间因果关系的证据。即使我们能够假定教育开支是高收入的一个条件，这些数据也无法显示她是经济增长的充分条件，还是必要条件[3]"。

第三节　教育导向与国家发展的风险

指向经济增长的教育系统将会把人当作生产的工具，也教导人们把他们自己当作这样的工具。为经济增长服务的教育系统的重心是就业，其倾向性是，把教学和工作连在一起。每个层次的教育都要考虑当学生通过之后，他们就有资格从事某项工作。如果当大量的学生都达到了从事某项工作的资格要求而又没有得到这种工作时，阻碍经济增长的政治动荡就会发生。

把人当成生产工具的教育，不仅不人道，而且没有效率。因为职业训练浪费了时间又没有培养出来好的生产工具，由此带来的有害政治形势，反而会阻碍经济的增长。

哈比森（Harbison）和迈尔斯（Myers）是关注发展中国家国民生产总值增长的经济学家，他们这么评价职业训练：

例如，50年代乌干达的职业学校试图培训技工。大量学生参加学习，而且人均成本很高，可是国家技术工人的供给却没有明显增加。十三个职业学校在八年的时间里，仅仅培养了25个合格的技工……我们对其他国家的观察使我们相信，乌干达的经验是正常状态而不是例外。

作者们虽然将乌干达的失败归咎于教学语言准备不足，不成熟的职业选择，以及对各种技工需求可能性不准确的估计。但"最重要的是，所需的工艺技术只有在实际的工作环境下，通过在职培训才能获得。试图在就业之前的学校，模拟这种条件而又没有适当的设备和合格的教职员工，这种职业培训显然是不能成功的"[4]。考恩（Cowan）、奥康奈尔（O'Connell）和斯坎伦（Scanlon）认为：一般来说，在不发达国家，正规的职业训练没有在职培训容易取得成功和省钱[5]。C. A. 安德森（C. A. Anderson）得出的结论是，既不是分离的技术学校，校内的"实践"课程，都无法对教授这些技术的成本和努力做出合理的解释[6]。根据 P. J. 福斯特（P. J. Foster）的看法，孩子的职业抱负因大规模课程变化而发生改变的可能性，并不比一个几乎没有事实根据的民间传说的影响更大[7]。

我们已经注意到，在这段时期，希腊、埃及和印度，是训练有素的人力资源的输出国。我们同时也观察到，世界上教育发展最快的国家，是那些最富有、拥有最高地位、最有政治影响力的国家。进入更高教育层次的竞争常常会加深已经存在于发展中国家的社会、经济和政治的不平等。

另一方面，在把小学教育当成逃避务农方式的地方，例如像许多非洲国家那样，结果是许多人涌向本来就已经很拥挤的城市，导致失业人数惊人的增长。有篇文章辛辣地用了一个标题《如果你姐姐上学，你的下一顿饭就是你的钢笔》。勒内·杜蒙（Rene Dumont）说，在西部尼日利亚的 80 万个辍学者中就有 65 万人失业[8]。

芝加哥大学伯特·F. 霍斯里茨（Bert F. Hoselitz）教授的结论如下。

大力推进教育是不是促进一个新的国家发展目标的适当方法，这样的争辩本身是没有意义的。同样，赞扬教育对高度发达国家做出了巨大的贡献评论也是没有意义的。在美国和西欧，有许多壮观的成果之所以能够归功于大众教育的发展，以及高水平人员的培训，是因为这些都发生在能够取得这些成就的背景之下……许多经济发达国家能够产生明显效果的拨款，可能对新兴发展中国家经济的发展速度几乎没有什么影响，在极端的情况下甚至会导致收入水平的下降[9]。

考恩（Cowan）、奥康奈尔（O'Connell）和斯坎伦（Scanlon）都认为，"没有证据表明，教育会自动带来经济的发展。只有当教育成为综合发展规划整体的、不可分割的一部分，并涉及经济的公有和私有领域，包括社会的所有层面时，才能在非洲的革命中充分发挥作用"[10]。

简言之，任何教育政策的可应用性都依赖于它所应用的社会、文化和物质环境。只对经济发展有兴趣的规划者们，一定会警惕对教育的过度投资。因为在他们看来，其他方面的开支也许可以带来比教育更高的投资回报。

除非政府能够运用绝对的权威控制人员的培训和工作分配，否则，无法满足那些认为受教育是为了得到工作的人们的雄心壮志。我们已经注意到，即使在苏联，教育政策也有大幅度的波动，其原因是权威部门也无法让学生的期望和实际职位的空缺达到平衡。

第四节　理顺经济增长的原因

当国民生产总值增长时，教育也可能随之增长。但是，事情并非必然会这样。例如，巴西就不是这样的。巴西是世界上经济增长最快的国家之一，以人口比例计算，她的教育仍然低于其经济扩张之前的水平。尽管基础教育的设备极其糟糕，巴西仍然取得了实质性的经济成就，以及某些政治上的进步。弗兰克·博尼拉（Frank Bonilla）指出："只有通过一种新的、有机的政治统一体，以及了解她将继续面对的一系列危机，我们才能理解巴西。教育本身不能创造这种统一体，很显然，目前教育只对巴西的经济成就做出了微弱的贡献"[11]。

废除封建制度对人们改善社会地位可能性出现的限制，毫无疑问会释放人民的活力。1868年明治维新之后的日本，就是一个实际的例子。在这里回顾一下日本普遍储蓄的习惯是有益的。自1900年以来，日本人的储蓄率一直占到国民收入的15%至20%，在国家开始大力走向工业化之前，日本就有了高层次的教育，甚至是西方式的教育。

1868年，日本与20世纪60年代取得独立的一些后殖民地国家相比，更像一个现代国家，实施更多的教育。她只有一种语言。从十七世纪后期起，她就拥有繁荣的出版业，生产的印刷品总数高达10000种。到1868年，文化教育广泛传播，人口中40%～50%的男性已经受到过教育。多尔（Dore）的结论是，毫无疑问，日本在1870年的识字人口比率，比今天大部分不发达国家还要高出许多。他说，"即使和当代一些欧洲的国家相比，日本都还可能占有优势。最近的比较可以追溯到1837年，英国选举委员会发现，在英国的主要工业城镇只有四分之一或五分之一的儿童曾经上过学。特别让同胞们引起震惊的是，他们引用了一位法国人在1877年所写的一句话'日本的小学教育已经达到了足以让我们感到尴尬的水平'[12]"。

在这里重要的是要记住，即使是处理像识字这样基本和浅显的"教育"问题，学校也不能做得很多。正如哈维格斯特（Havighurst）和莫雷拉（Moreira）指出的那样，"文盲只是农村贫困和落后这个复杂问题的一部分，这个问题最终要由经济的发展来解决"。[13]

日本向西方学习的兴趣由来已久。1756年，第一所西方式的医学院建立。1811年，政府设立了蛮夷文字翻译办公室，这是自1744年以来，众多发展教育的努力中的一个副产品。这两所机构日后成为东京大学的主要组成部分。

在日本，不是职业训练造就了工业，而是工业造就了职业训练。日本在1894年引进职业培训之前，就已经走在成为世界工业强国的道路上了。在此之前，这种训练只在行业中进行，即使在此之后，大部分的职业培训仍然是在行业中进行的。

教育扩张的步伐跟不上工业化前进的步伐。1872年，日本政府宣布，立即建立8所大学、256所中学和53760所小学，并规定四年的强制性教育。三十年之后，日本拥有25所大学，可是政府建设的小学数量只有规划的一半。四年强制性教育直到这一时期，才真正得到执行。

也许日本的经济增长速度是他们采用工业化生产方式的结果。这就是一种把普通人的技术发挥到极致的方式。霍斯里茨

（Hoselitz）报告中提到，"直至 1957 年，日本 52% 的工业劳动力在少于 50 个工人的工厂里工作。如果把第二和第三产业加起来，公司的总产值是这样分布的：59% 是由分类为'小商业'的公司生产的（也就是个人企业和公司资产不超过 1000 万的公司），大公司的产值只占到 41%"[14]。大部分的日本行业不要求"高层次的劳动力"。

然而，白领无产阶级的问题，在日本一直是一个严重的问题。就像俄国的年轻人一样，日本的年轻人相信大学，甚至是特定的某种大学，是走向成功的必经之路。像俄国的年轻人一样，日本的年轻人通过一次又一次的不断尝试，谢绝其他所有的机会进入到这些大学。在日本，由于政府官员、大公司和某些大学之间的啮合关系，一种新的封建系统在旧的封建系统上产生了。最好的工作给予了那些在大学中获得良好印象并被认为是最好的学生的那些人。在日本，中等技术公司和小公司的重要性是，他们通过为大量成长中的一代人，提供另外一些可供选择的出路，以缓解令人无法容忍的情形。

第五节　异文化

1957 年，加纳的前总理恩克鲁玛（Nkrumah）博士说，"我们的整个教育系统必须朝向培养具有科学技术头脑的人民的方向努力"。1964 年，29 个非洲国家宣布了一项计划，在 15 年中把非洲的科学家人数增加 15 倍。会议敏锐地观察到，最大的问题是说服更多的年轻人把科学作为他们的职业追求。

前面我们已经阐述过，在发达国家中，一个从贫民窟中走出的孩子在上学时，他就进入了异文化的情景。在不发达国家面对现代科学和技术时，我们可以说他们的整体人口都进入了异文化吗？某些非洲国家的学生流失就像美国的学生流失一样，不过不同的是，他们发生在一年级和二年级之间[15]。非洲辍学的学生离开学校的原因和美国的辍学者是相同的：融入异文化所要求的努力，要远远大于他们认为将会从中得到的利益。一份工作能把他们带出丛林的前景是那么渺茫和不确定，而上学以及学习那些似乎毫无希望又不相关的学习资料的痛苦却是现实和真实的。非洲国家的领导们之所以经常被劝导，把精力放到中学和高等教育，而不太担心小学教育的原因是，相当大比例的小学学生，在六年级结束以前就辍学了，以至于小学教育的花费成为一种很大的浪费。因而，许多非洲国家显现出这样的矛盾：对教育拥有广泛热情，但又不愿意保持教育的严格性。

蛮夷文字翻译办公室，日本高等教育的奠基石，象征着发展中国家面对现代科学和技术的基本境况。他们的教育系统大部分从事的是蛮夷文字的翻译工作。翻译是引入异域文化的工具。明治维新者们的口号是："西方的科学——东方的道德"。问题是这样的结合是否能够成为可能？

显然，东西方整合成功的证据既不清楚，也难以令人信服。就是日本过去100年的经验，也不是这种成功整合的确切例子。实际上，没有人宣称整合已经成功，因为两种文化不是那么容易就能共存。大学教授在他们的工作时间里，忙于蛮夷文字的阅读、翻译和写作，而他们的业余生活则在另一个建筑在不同文化基础上的隔离层里。这种精神分裂的状态一定不会稳定。

埃里克·阿什比先生（Eric Ashby）曾经说：

大学教育对于非洲人的冲击是欧洲人所不可想象的。大学把他和他的家人、他的村庄分离开来（虽然由于强烈的情感和忠诚，他将会经常回家以承担往往破碎了的家庭责任）。不管他是否喜欢，大学教育迫使他以西方的方式生活。大学教育把他们的神经扯向两个精神世界、两种伦理系统、两种思维方式……你不可能引进电视机、汽车而不引进和这些东西相伴随的社会哲学。技术和金钱经济是不可分割的。它假设了一个竞争的社会；它假设了遵守时间的规则；它假设个人能够把自己从他们的家庭和村庄的网络中独立出来，开始锻炼自己的个性。所有这些假定都是传统的非洲文化极其讨厌的[16]。

加纳有23个部落，讲23种不同的语言。黄金海岸作为加纳人后裔的聚居地，是一个殖民列强之间冲突和妥协的人为产物。一种植根于部落的文化，现在必须承受双重打击：一方面要建立自己的民族文化，另一方面又要培养具有科技头脑的人。殖民国家为了达到自己的目标而建立起来的教育系统，进一步加深了已经存在的困难。这些殖民地的目标既没有包括民族文化的塑造，也没有包括具有科学技术头脑的人的培养。人们既不愿意看到精神的分裂，也不愿意看到土著人文化的消失。于是，教育的任务就变得非常微妙。事实可以证明，不可能只选择西方文化的某些方面，例如科学和技术，并希望这些方面的发展除了带来繁荣之外，不对土著文化产生任何影响。例如，扩大的家庭就不适合于工业化系统，因为这个系统把个人的生存建立在个人工作的基础上。安东尼 H. M. 柯克 - 格林（Anthony H. M. Kirk-Greene）在对北尼日利亚的报告中指出，"我已经知道可能成为领导的人会拒绝把工资提高到1000美元的水平，因为他们知道，一旦这个涨工资的消息传播出去，他们就会被亲戚们围攻，搜刮的结果是，实际的工资还会少于原来只有500美元的工资水平"[17]。

第六节　教育和经济发展

尽管教育——特别是科学技术训练——是通向经济成长道路的思想，在发展中国家具有很大的吸引力。但是，在检验了先进工业国家的教育和成长为强国、走向繁荣的关系之后，人们得出的结论是，除教育之外，发展中国家仍然需要与发达国家相同的其他条件和要求才能获得经济的增长。适应市场变化的教育，好像在发展中国家没有在发达国家那么有效果。当这些发展中国家发展得更加繁荣，当她们解决了人口问题时，她们就能够建立起自己的教育系统。把这种教育系统引向以经济增长为目标的训练的肤浅工具，既不能满足任何可以辩解的教育定义，也不能促进经济的增长。从另一方面看，帮助他们的人民变得有知识，不仅理解他们自己的文化而且理解西方的文化的真诚努力，是与教育的理性标准相一致的。至少可以说，将不会妨碍国家的发展。我们需要放弃教育是得到更好的工作、更高的地位的工具的观念。就像在发达国家一样，在发展中国家这是一个由于受到扭曲而产生误导的目标[18]。

注　释

[1]　"An important factor increasing the difficulty of anticipating the ［economic］gain from college is that it is collected over a very long time…Incidentally, the long pay-off period increases the advantage of an education that is useful in many kinds of future economic environments. If 'liberal' education were identified with such flexible education, as well it may be, there would be an important economic argument for liberal education, as well as arguments based on intellectual and cultural considerations." Gar-

y S. Becker, *Human Capital* (New York: National Bureau of Economic Research, 1964), pp. 112 – 113.

[2] In Don C. Piper and Taylor Cole (eds.), *Post-primary Education and Political and Economic Development* ("Commonwealth Studies Center Publication," No. 20) (Durham, N. C: Duke University Press, 1964), p. 3.

[3] In John W Hanson and Cole S. Brembeck (eds.), Education and the Development of Nations (New York: Holt, Rinehart, Winston, 1966), p. 140.

[4] Frederick H. Harbison and Charles A. Myers, Education, *Manpower, and Economic Growth* (New York: McGraw-Hill, 1964), p. 56.

[5] *Op. Cit.* , p. 25.

[6] John W. Hanson and Cole S. Brembeck, *Op. Cit.* , p. 16.

[7] *Ibid*, P. 171.

[8] Cowan, O'Connell, and Scanlon, *Op. Cit.* , p. 258, n. 1.

[9] "*Investment in Education and Its Political Impact*," In Coleman, *Op. Cit.* , p. 562 – 63.

[10] *Op. Cit.* , p. 27. To the same effect see W. Arthur Lewis in the same volume at p. 201.

[11] "Brazil," In Coleman, *Op. Cit.* , p. 220.

[12] R. P. Dore, *Education in Tokugawa Japan* (Berkley and Los Angeles: University of California Press, 1965), p. 291.

[13] Robert J. Havighurst and J. Roberto Moreira, *Society and Education in Brazil* (Pittsburgh: University of Pittsburgh Press, 1965), pp. 185 – 186.

[14] In Coleman, *Op. Cit.* , pp. 552 – 553.

[15] It should be borne in mind that figures comparing numbers of pupils in the first grade with those in higher grades do not accurately reflect the number of dropouts. As new schools open, the proportion of pupils in the first grade increases. Moreover, the practice of repeating grades is wide spread in Africa.

[16] Ashby, *Op. Cit.* , p. 41, 100.

[17] "Bureaucratic Cadres in a Traditional Milieu," in Coleman, *Op. Cit.* , p. 392.

[18] Cf. "Education, History of: Newly Emerging Nations," in *Encyclopaedia Britannica* (1968).

第 四 章

苏联的例外

本书把教育定义为通过有组织的、深思熟虑的努力来帮助人民成为有智慧的人。它强调，教育的目标不是培养劳动力而是培养人本身。本书表明，在这个意义上，以人本身为目标，教育在 21 世纪才可能会独善其身。

这个教育定义的基础从来就不是强调教育定义理论上的正确性，而是和其他任何项目相比，她无法实际应用。如果考虑把教育引向促进国家强大或解决经济增长的困难，如果考虑国家的强大和繁荣与教育系统的本质和范围之间的模糊关系，我们就不可能为教育的扩张作辩护。

本书同时表示，虽然政治是建构性的科学，但任何教育系统都有某种它自身的动力学。教育系统很难完全避开思想者的理想。任何思想者，无论他多么重视自己的文化和传统，都很可能对他生活的社会有一些批评。

第一节　社会主义国家的情况

现在的问题是，教育在社会主义国家，如苏联、中国是否能够独善其身。答案似乎是，政府通过总体的和连续不断的努力来阻止教育独善其身。

相关社会主义国家迄今为止的实践历史显然是和本书中减少适应市场变化教育的论点相互矛盾的。因为，他们的教育系统直接指向培养劳动力。就像安德森（Anderson）所说的那样：

劳动力规划，特别是在中央控制的经济系统中，喜欢把人看成可以相互替换的部件，人们被培养成指定的人才，安排在官方的生产组织中。取代资本家这样的铁腕主人的是施压填充职位空缺的中央规划者。虽然这些意识形态会刺激教育和培训，但它们却鼓励了狭隘的人才观，导致了本质上是用军事方法指导的培训。通过同样大型强制性、创造就业机会的工程，重大劳动力的决策常常意味着重大的错误。这些错误有时会部分被隐瞒，但却不会减少[1]。

由于这些系统还有训练之外的其他目标，因此，劳动力既被看成是对国家的奉献，同时也被看成是素养的培训。教育系统对这种奉献的贡献是，实现有政府目标和政策的教化。

这个项目虽然有它自身的局限性，但已经取得了十分可观的成功。上百万的男男女女得以上学，成千上万在革命之前没有机会上大学的人，走进了大学。在苏联，科学家和工程师的培养数量已经超过美国。

从这些教育项目中已经取得的结果，既是职业的，也是技术的，同时也是专业化的。

虽然在某一个阶段，苏联领导人坚持认为，普通教育对工人来说是必不可少的，但是，放在工人普通教育上的时间已经下降。预测是困难的，因为基于劳动力生产的教育系统必须随着劳动力需求的波动而变化。但真实的情况似乎是，只要劳动力的生产压倒其他一切目标，教育就会继续沿着政府指引的方向，为工作做准备。工艺教育的历史证实了这种印象，我们稍后还会回到这个主题。

第二节　教化

亚里士多德曾经说过，公民应该被塑造得适应于其所生活的政府形式。公民是否应该被塑造成这样，毫无疑问，当然应该。尽管西方将共产主义的教化大多妖魔化，其实在这方面，国家之间的差别主要是在重点和公开性方面。西北大学的许烺光指出：

当我们尽力指出共产主义的科学家如何必须遵循共产主义路线时（毫无疑问他们是这样做的），我们必须主动检视的是，作为非共产主义的美国的科学家，我们是如何有意无意地执行资本主义路线，或者基督教路线，或者任何其他路线，而不是真正科学路线的呢……与个人拥有较少自由的社会相比，我们实际上拥有的是个人拥有较多自由的社会[2]。

为加州学校教师印制的一本标题为《我们美国的传统》的小册子写道："学校系统的根本责任是传授美国立国的，并服务于美国社会的思想。作为教师，我们不能忽略我们为美国和真正的美国精神而奋斗的义务。我们必须充分认识到共产主义的威胁。我们必须与反人类、反上帝、反作为个体的你和我的阴谋做斗争"。

第三节　不遗余力

历史表明，肆意封锁国民中被认为是有破坏性的思想和信息的国家，一定是专制的，而偶尔地或者部分地这样做的国家就不是专制的。在日本的学校，为了发展对国家的毫无疑虑的忠诚，对年轻人的彻底教化最初被认为是适当的。可是，日本却让大学几乎有完全的自由。当日本军人执政时，为了执行他们的政策，他们必须运用越来越多的思想控制。

苏联在斯大林之后的政策放宽，紧随的是强化趋向意识形态一致的运动。具体做法是增加教育系统中教化的时间，而且给予技术和职业训练的时间也得到相应的延长。

第四节　如何能够成为既受过教育又是专制者的人

任何教育，不管多么初级或者多么狭窄，都可能使受教育的人对他们目前的状况感到不满。然而，教育也可能只让他们对自身的经济前景不满。教育让他们掌握了有用或无用的技术，这可能提升他们的不满程度。如果文化和政府的整个合力都指向反对他们拥有可能会导致对政府进行批评的思想和信息，如果他们的教育只是为了找工作做准备，他们可能无法在工作培训的过程中得到任何这种批评政府的思想和信息。因此有人说，职业培训是奴隶式的教育。其实，任何层次的技术员培训都不过如此。如果培训的目标是要完成所要求的常规性工作，而不需要理解，那么整个陈述就是不断重复的。如果需要理解，但是只限于对自然法则和科学原理的理解，那么，就不可能产生应用到科学以外的批判精神。所以，苏联能够强调职业、技术和科学培训而不会危及政权[3]。

第五节　科学、科学家和政治态度

专业化常常意味着一个人对专业以外学科的无知。科学专业化的要求，使学科变得繁多而且重要。看起来很有可能，很少会有传播的科学方法应用到其他领域。科学自主权，这个在苏联近乎被接受的观点，意味着科学的结果要受制于科学的检验：它并不导致同样的原理向思想的其他分支延伸。一般来说，专业化特别是科学的专业化，似乎和大多数专制的政府是相容的。

第六节　变化的来源

如果单单只是从教育的扩张本身来看，变化不太可能在苏联发生。因此，我们必须在别的地方寻找教育在这些国家的21世纪会独善其身的证据。政治是建构性的科学。如果这些国家不再是专制的，那么其教育系统，就一般过程而言，也会不再是专制的。但是，目前没有任何迹象表明，教育系统与终止专制有任何关系。的确，劳动力需求的预测是不稳定的。因而，基于这种预测之上的教育政策可能出错，并且带来社会的不稳定。但是，这种预测的不稳定性更可能带来更好的、计算机化的方法，去匹配培训和工作，而不是放弃匹配的努力。的确，专业化是一个死胡同，极端和不成熟的专业化，由于缺乏其他专业放出的火花的滋养而失败。由于这个原因，苏联可能会合并一些曾经分开了的专业分支，而过去分开这些专业，是希望有可能达到快速的进步。以前，苏联可能是依赖科学资本做出的决定，即如果要使专业化的分支繁荣就必须增加这些分支。这些变化是为了更有效地培养劳动力的实际考量，而不是对培养劳动力是教育目标的原则的违背。

如果苏联增加对家庭的压力，将刚一出生的孩子就送出家庭，把他们放在学校直到完成中学教育，那么，反对极权主义的无声战争中的最后一座堡垒将会随之倒下。

第七节　真正的弱点

这样，在把人训练成劳动力的过程中，就只有一个弱点。那就是教条与实践之间的冲突。

马克思、恩格斯和列宁的教义是反职业化、反专家的。根据这个教义，在一种技术或者狭隘学科上的训练会奴化工人。因为当技术变化发生时，他们会失去工作并且可能找不到另外一份工作。因为他们的无助，他们不管是就业还是失业，都易于受到剥削。劳动分工是无产阶级弱势状况的一个基本原因。

马克思和恩格斯说：

> 社会生产的管理不能受到像现在这样的人的影响。那就是，每个人都附属于生产的某个部门，绑在上面，受到剥削，以牺牲其他所有能力为代价来只发展他一方面的能力，只知道他自己生产的一个部门或者一些部门的一部分。即使到现在，工业正变得越来越不能够使用这样的人[4]。

1917年，列宁介绍了苏共规划的修正案。其中，教育的修正案是由苏联早期最著名的教育思想家、列宁的妻子娜·康·克鲁普斯卡娅（N. K. Krupskaya）起草的。这个修正案，在"免费、义务的普通和职业教育"这个段落中，用"工艺的"这个词替代了"职业的"的这个词。这样做的目的是，党要承诺教育那些不是专家但有能力做任何工作的人，其口号是"多才多艺"。在《工艺训练的教育价值》这份俄国官方的公告中列举了身体、思想、道德和美学价值作为这种教育的特征。当中丝毫没有对个人或者国家提及这种教育训练的经济价值。

不幸的是这一教条的陈述中包含了一个致命的矛盾。因为劳动分工对工业系统而言是必不可少的，而工业化是共产主义国家的目标。因此，国家的要求阻挠了教育的最重要的目标之一：把人类从劳动分工的束缚中解放出来。

苏联从来没有放弃过这个教条，而是在各种场合不断重申，并且总是被指定为苏联教育的指导原则。与宣传热情相对应的，却是对公告的冷淡回应。理论和实践之间的矛盾在一定的条件下才会消失：那就是，工业化变得不再重要。作为自动化的结果，人口中的大部分不需要特殊的教育就能完成工作。人们主要关注的是正确使用业余时间，而不是从事工作训练。

问题是，如何调解计划经济的要求和公开声称的共产主义理想之间的矛盾。计划经济包括劳动力规划，公开声称的共产主义理想期望"新人"的出现。希望他们对工作感兴趣、了解工作、能够转向任何其他的工作，但最重要的是理解工作。劳动力的生产只是新人生产的附属产品。

理论和实践之间的冲突，从苏联号召实现工业化的那一刻就开始了。到1931年，实践就大大偏离了理论，以致苏联共产党中央委员会不得不叫停。苏联共产党党中央指出：

> 学校的根本缺点是：它没有提供足够的普通教育，不能令人满意地为技术部门和高等教育机构培养全面的人才，即获得了知识基础的人（物理、化学、数学、语言、地理等等）。正因为如此，工艺教育在许多情况下养成了形式主

义的毛病，不能以多方面的教育，培养能够把理论和实践结合起来并且掌握了技术的社会主义建设者。

苏联共产党要求学校理解，"所有由学生从事的社会生产劳动直接服从于学习和学校的教育目标"[5]。德·威特（De Witt）总结道："直到1952年，似乎仍然还有一致的，对所谓赤裸裸的技术至上，或者对没有理论基础的应用职业训练的蔑视"[6]。

我们将会在后面看到，理论与实践和工艺教育的理想与实际操作之间的困惑，一直持续到1958年。就在那一年，生产训练和教育相结合的困难由教学科学研究院的 N. 维瑟林（N. Versilin）感人地描述如下：

第一，我们不能不考虑改进普通教育的必要性来解决劳动力训练的问题，但是调和二者极端困难。第二，学生选择职业的自由与根据资质、能力和兴趣选拔学生产生矛盾。在列宁格勒，住在泽林妮娜（Zelenina）街的儿童必须上44号公立学校。结果，所有的学生都必须到绳索厂去接受生产训练。这样，居住地决定了这个学校学生的命运和职业专长。不管是幸运还是不幸运，绳索厂不可能雇用这个学校的所有毕业生。而且，学生接受职业培训后得到的专业知识也无法应用，因为只有少数几个这样的绳索厂。一年以前，波罗的海机械厂招收金属制造工、铣床操作工，但是今年，他们需要焊接工和装配工。在这种情况下，学校的职业定位应该是什么呢？显然，对职业科目强调的日益增大，已经大大降低了普通教育的质量。在工业企业中，所有把教育和生产培训结合起来的尝试都产生了负面的影响……毕竟，为什么学生通过 3 到 6 个月的学徒课程就能学到的手艺，非要花两年来学习呢[7]？

维瑟林很好地总结了这篇文章的观点。那就是，寻求那种能够实施的良好教育，揭示随机应变教育的无效，并表达在一个对培训和工作集中控制的国家里努力使培训和工作相匹配的那些工作人员的尴尬。然而，他的观点并没有流行。在他写下这篇文章的同一年，苏联以工艺教育的名义实际上放弃了普通教育的原则，欣然接受了职业训练和工作经验的需要[8]。

因为，这样做可能是由于劳动力短缺，也可能是由于过时的领导，不过很难说这种政策是否在不同的经济条件下，在新方向的指引下还会被保留。赫鲁晓夫毫不怀疑，工艺教育的概念现在恰恰走向了它的反面，那就是在单一生产分支中，甚至在单一行业中对特殊技术的获取进行培训。他说，我们需要在大生产专业化的方向下，从根本上改造中学的教学计划，"不仅允许毕业生进入高等教育"而且"要为实践活动做好准备"，以便他们能够"直接就业于国家经济的各个部门"[9]。

这个项目的大部分现在已经被抛弃。1964 年，主要为"生产培训"服务的十一年制中学教育系统被废除。法令规定"学生一定不能为无关的工作影响学习"。在校十年，用于生产训练的全部时间大大缩短。然而，官方既没有否定职业培训，也没有强调这种培训和工艺教育之间的不同。来自美国的报告指出，苏联的教育工作者欢迎这种改变，因为在实践中，学生得到的是狭隘的专业化，而不是在生产基础上的教育。因为普通教育而非职业训练才是学校的正当业务[10]。

如果赫鲁晓夫的后继者要找到一个理由，扭转他所开创的教育政策，他们是能够在神圣的马克思主义著作中找到根据的。他们是否愿意找，依赖于他们是否相信狭隘的专业化和教化，从长远看，不管这种狭隘的专业化和教化在短期内多么有效，都不能孕育科学、技术和工业的成就。共产党控制苏联已经50年。直到现在，多种不直接和政府需要的工作相关的教育机会才在苏联开启，这些课程开在"文化大学"中，以新的"非学分"选修课出现在大学和院校中，以新的教育节目的形式在电视和收音机中播放。

如果我们假定苏联的领导人现在只对科学、技术和工业成就有兴趣，那么，我们就可以看到，这种单一的兴趣可能会让他们把取得这些成就所需要的观点扩展得更加广泛。然而，苏联保留着翻译世界上从来未见过的蛮夷文字的最大政府部门。像天文学这个学科，没有全世界信息和思想的交流，就不可能取得进步。这只是普遍规律中一个极端的例子。因为科学世界首先是一个地理上统一的世界，所以它正在变成智力上统一的世界。当它达到统一时，专业化对于专家来说就变得越来越危险，因为他们可能会对越来越多的，解决他们自己问题不可分割的重要联系变得盲目。随着自动化的进步，由于没有产业提供的工作，以及存在不可能使每个人都训练成劳动力的可能性，于是新的机会对不同的教育系统打开。科学世界的统一、知识的统一、工业社会变化的工作状况都表明，有一种微弱的期盼，那就是21世纪，甚至苏联教育也可能独善其身。

第八节　民族国家的目标和教育的目标

我们已经假定，苏联的领导人只对科学、技术和工业成就感兴趣。他们把这些成就看成是通向国家强大和繁荣的道路。在这方面，他们和其他民族国家的领导人没有什么不同。唯一的区别，而且最重要的区别是，他们使用了不同的方法。他们为实现这些目的对教育系统实行全面指导。如果目标发生变化，方法包括那些在教育界就业的人，也会随之改变。那么，问题是：民族国家和其抱负产生变化的前景是什么呢？我们现在就转向这个问题。

注　释

[1] In Piper and Cole, *op. cit.*, p. 8.

[2] "Anthropological Science," in *ibid.*, pp. 151 – 152.

[3] For a slightly more optimistic view of the possibilities in the Soviet Union, see Arnold Buchholz, *Neue Wege Sowjetischer Bildung und Wissenschaft* (Cologne: Wissenschaft und Politik, 1963), pp. 87 – 89.

[4] Quoted in *Polytechnical Education in the U. S. S. R.*, ed. S. G. Shapovalenko (UNESCO, 1963), p. 29.

[5] De Witt, *op. cit.*, p. 82.

[6] *Ibid.*, p. 83.

[7] *Ibid.*, p. 17.

[8] Cf. S. A. Shaporinsky and A. A. Shibanov, "Training in Productive Work and Its Part in Polytechnical Education in Schools," in *Polytechnical Education in the U. S. S. R.*, ed. S. G. Shapovalenko, p. 353. Writing after the reform of 1958, they say, "The pronounced vocational trend of training in productive work in secondary schools not only moves in the same direction as polytechnical education but helps to make it more valuable, Lenin pointed out that polytechnical education should take place not only in schools of general education but in vocational schools also." The fact that Lenin wanted polytechnical education to minimize the narrowing effects of vocational training does not prove that he would favor narrowing polytechnical education by moving the next few years it is planned to give training in the secondary schools for 1150 out of 3700 trades at present

covered by vocational schools, course, and individual instruction, and for 86 out of 206 general industrial trades.

[9] De Witt, *op. cit.* , p. 85.

[10] *Significant Aspects of Soviet Education* (Washington: U. S. Department of Health, Education, and Welfare, U. S. Government Printing Office, 1965), p. 22.

第 五 章

民族国家和国际社会

全世界的人民现在也许能够被看成是聚集在一个收音机前，或一个电视机前的群体。他们可以在同一时间听到，看到同样的事情。由于无线电波和声波速度的差别，一篇讲话的声音在到达你家后房之前，就已经传遍了整个世界。

国际社会由于通信、共享知识、知识分子之间的交流、经济联系、人员往来并由此感觉到的共同命运而形成。

如果世界继续以目前的方式运转，那么，西方科学和技术的全面冲击正在为世界文明铺平道路。这个文明也许并不吸引人，但它将是一个基于共同知识、共同假定、共同生活方式的文明。

正如哈维·惠勒（Harvey Wheeler）所说的那样，"在无意识地创造统一的工业世界秩序中，人类已经使自身的生存，依赖于其有意识地创造政治秩序来遵循这个工业世界秩序的能力，……每个地方的现代人都一样……，这些力量，科学的、技术的、城市化的、工业发展的、大众传媒的，以及世界整合的，将以同样的规则带到它们所能到达的地方"。

第一节　民族利益中的教育

我们看到，在 21 世纪，教育可能成为所有国家的当务之急，本书已经解释了为何如此的原因。这些原因都是基于"国家利益"，看起来所有的国家都会精心地运用自己的教育系统，以应对这种历史的必然过程。

在世界正逐渐被技术连成一体的同时，它又被后殖民主义的民族主义分裂成越来越多的国家。每个国家都将指导其教育系统来保护和扩展民族的实力。可是，生活的现实却将走向与增强国力目标相反的方向。

第二节　教育概念的新义

我们常常忘记，用教育追求民族利益的思想是一种非常新的思想。教育直到拿破仑和他同时代的普鲁士改革者们那里，才开始追随国家的目标。几乎在同一时期，他们提议用教育来服务于国家的目标。他们采取了不同的路线：拿破仑对忠诚的市民和有效率的官僚体系感到满意。除此之外，他对教育的主要忧虑是如何对它进行控制，由此，拿破仑的确建立了迄今仍存世的高度集中的教育系统。普鲁士则希望释放和发展至少部分人的能力，他们看到了增进知识对国家成长的价值。

在遥远的古代，国家和教育之间的关系就有很多争议，这一点足以从柏拉图的《理想国》和亚里士多德的《政治学》中看到。从那个时期之后，这种辩论便从历史中消失，直到 2000

年之后才得以恢复。在约翰·洛克（John Locke）的教育论文中，没有提及国家。在埃德蒙·伯克（Edmund Burke）出版的著作中，也没有一个词是关于教育的。

第三节　教育与普世教堂（universal church）

在基督教时代，教育成为教堂本身的一项事务。教堂主要考虑的是灵魂的拯救。这里的灵魂没有民族的特征，也没有民族的目标。由一种语言和一种信仰联合在一起，根据教义，教堂为拯救世界而努力奋斗，是为永恒的生命，而不是为民族的实力和繁荣而奋斗。

在知识分子的世界里，没有国家的边界。中世纪大学学生组成的"民族"，反映了那些来自基督教世界各个地方，漫游在这些学院中的外国人的人数状况。许多大学把他们自己树立为与政治统治者，甚至教堂的统治者相等或更高的权威地位。例如，在1331年，巴黎大学的神学教授就曾经谴责过由教皇约翰十二世阐释的神学主张。

第四节　集权化的前景

那些非集权化的日子似乎离我们越来越远。除美国之外，现在，每个国家都想当然地认为，教育是国家的责任。甚至在美国，也没有人对教育是政府的责任这个命题提出疑问。唯一的问题是，教育是由哪一个政府负责的？

不过，那些用错误的目标和方法把教育引向"民族利益"的国家，可能有一切理由同意，推进公益，包括使人民受到教育的义务，应当是政府的责任。只有迷恋"守夜人"国家的人才会采取任何与此相反的观点。

教皇庇护十一世在特拉的罗马教皇通谕（Repraesentanti）（1929）中说，"国家能够要求，因此也能够监控，所有公民都要接受公民和国家义务的必需知识，赋予他们在我们这个时代、在给定的公认条件下，公益必要的智慧、道德，以及物质文化"。

种种迹象表明，国家集权化控制的情况正在增加。现在，教育的开支无论对于地方政府，私人慈善机构，还是学生家长都过于沉重。到20世纪60年代中期，美国联邦政府资助在自然科学中学习的所有博士候选人和四分之三的大学科研。因为公众利益追逐公众资金，教育由中央资助然后由地方控制的梦想在美国从来就没有实现过。

现代人口流动显现出相同的趋势。在孩子出生在哪个村庄，就一辈子生活在哪个村庄的时代，似乎可以合理地争辩说，村子应该决定他受什么样的教育，并为他付学费。现在，在许多国家，村庄的孩子漫游在地球的各个地方，他是什么样的人，在某种程度上，关系到整体人口质量。而且，在一个民主的国家，整体人口受到他们履行公民义务方式的影响。当地方政府把教育机会均等立法为公民的权利时，来自社会的压力促使中央政府把这种权利的平等化推广到整个国家。

在允许建私立教育机构的地方，这些教育机构受到政府的监控。实际上，它们也是整个国家教育系统的一部分。民族国家认可私立学校，大部分是基于现实的必要性：它们减少了由公众掏腰包的那种需要[1]。

第五节　民族国家的坎坷未来

教育成为国家的责任，恰恰就在民族国家的未来已经不确定的时候，由此产生的困惑可以用 1962 年举行的非洲高等教育发展会议的困难来说明。31 个国家的代表，其中很多显然是刚刚诞生的国家，不得不说，他们的大学必须服务于把这些大学建立起来的国家，必须"保证非洲的统一"，同时必须确保它们是"不孤立于主流文明之外的国际实体"[2]。

欧洲共同市场内人口的流动，更不用说欧洲政治上统一的可能，都引起了同样的问题。萨丁尼亚有 150 万人口，每年有 40 万萨丁尼亚人离开该岛，大部分人到了共同市场的其他国家。很显然，萨丁尼亚人应该被教育得能够在任何地方，或至少是在欧洲的任何一个地方生活。

在 20 世纪 60 年代中期，欧洲开始形成一种共同承认的学士学位，这是一种最终对欧洲教育的民族主义特征进行修改趋势的自然结果。同样的趋势也正在拉丁美洲、非洲和阿拉伯世界形成，斯堪的纳维亚国家则已经接近于实现了这个目标。

世界上发生的这种情形同样发生在美国。在那里，教育是一个个州政府的管辖范围。这种安排留有充分余地能够让州政府强调把学校放在地方历史、地方政府，以及地方的条件上。例如，加州立法就要求学校要开设教学生如何救火的课程。尽管教育仍然主要是州政府的事，可是，1965 年有 15% 的教育经费是来自联邦政府的。然而，现在没有人认为这样的假定是明智的，那就是，一个州在教育他们的孩子时，假定他们会永远生活在他们出生的地方。因为这个假定显然是和事实相违背的。

第六节　国际社会中的教育

在如下假定基础上做出的否定性结论是没有意义的，那就是，假设教育会在继续不变的现存政治社区中进行，并试图在不变的环境中培养年轻人。这样的否定性结论就像假定现存的技术状况不改变也能培养出有效的工作者一样，没有意义。

那么，让年轻人拥有大量的关于其他国家和人民的信息，以及教授初级、中级和高级的世界兄弟关系的课程，就可以得到肯定的结论吗？

对这些问题的答案似乎是，这种随机应变的教学并不比其他类型的随机应变教学好。获取大量的关于马来人或巴塔哥尼亚人当前的信息，并不比获取大量其他民族当前的信息好。因为关于世界兄弟会的课程很可能是没有知识的内容，它们不能被看成是教育。最好的教育是间接的。如果人们受教育的目的是成为真正的人，那么他们就能够认识他们共同的人性。在这里，正像教育的所有其他方面一样，最好的计划是让计划依照《圣经》的命令："你们首先要求助于天国，然后，所有这些东西就都会加给你们。"

一种力图促进，而不是阻挠国际社会形成的教育，应该寻求人类的连接而不是分裂，而且，这种国际社会应当通过吸取人类共同人性的成分来实现。它应当是理论性的，而不是实践性的。因为，虽然人们做不同的事情，但他们都能够在理解中分享。它应当是普遍的，而不是专业化的，因为所有的人都不是同一个领域中的专家，但他们都应该掌握同样的原理。它应当是博雅的，而不是职业的。因为，虽然不是所有的人都从事同样的职业，但所有人的思想都应该让它自由。一种通过帮助他们学会使用他们的思想，来帮助他们成为人的教育，看来不仅对民族社会，而且对国际社会也是最好的。

伊曼努尔·康德（Immanuel Kant）于是这样说：

孩子们应当受到教育，但不是为了现在，而是为了让他们适应未来可能改进的环境；也就是说，教育是用一种方式，使他们适应于人性以及整个人类命运的理念……然而，家长通常只是以这种方式教育他们的孩子，那就是，现实世界也许如此糟糕，他们可能要让他们自己来适应于当前的状况。可是，他们应该给孩子比这更好的教育，那就是，未来的事情可能会因此而变得更好。我们在这里碰到两个困难：（a）家长通常只关心他们自己的孩子如何立足于世界；（b）君主们把眼光投向臣民，只是把他们当作实现自己目的的工具……二者都没有以人类要达到的普遍公益和完美作为他们的目标，尽管他们也有良知。可是，教育方案的基础必须是世界性的。那么，普遍公益的理念有害于作为个人的我们吗？绝对没有！虽然看起来有些事情可能会为这种理念而牺牲，但是，取得的进步甚至对处在当前条件下的个人也是最好的。那么，随之而来的将会是何等辉煌的结果啊[3]！

第七节　如果每个地方的人都一样

如果所有地方的人类都相同，如果教育能够采纳人道的理念，整个人类归属的理念，普遍公益的理念，其逻辑的结论就是，教育应当在每一个地方都是相同的，在中国、美国、赞比亚、苏联、科威特和法国都是如此。一种帮助人们成为真正的人的教育，应当为国际社会所采纳，应当通过人与人的沟通而得到加强。

教学的方法可以因文化不同而不同，甚至可以因个人和个人之间的不同而不同，但目标却是相同的。在很大程度上，甚至也许是在让人吃惊的程度上，内容也可以是相同的。真理不可能因国家的边界或雄心而改变。同样的真理，应当对所有地方的人都是同样重要的。我们再不能像我们曾经说过的那样去说，虽然物理定理可能是真的，但是它们对人类"不开化"的那部分却是没有意义的。

第八节　理解自身的传统

当然，一个孩子必须学习自己民族的语言。目前还没有克服导致这种分裂影响的可能性。他们也必须理解他们所生活的传统。这种理解不需要把他们和他们的同胞分开。如果民族传统教学的目标是确定其他所有民族都是劣于自己的民族，那么，从定义上讲，教育就不会发生。如果教育的目的是理解，那么，真实的情况是，理解自己的传统对于理解他人的传统必不可少。

正像路易斯·W.诺里斯（W. Norris）教授指出的那样，"用一种疯狂的忧虑来理解俄国或东方，将不会把我们引向任何有益的方向，只有学生对这些问题进行分析，理清价值，运用历史知识，这种社会经历才会为他们奠定一个基础，来判断他们在俄国和东方发现的东西"。换句话说，除非学生理解他们自己的传统，否则就不能理解他人的传统。

因此，阿南达·库马拉斯瓦米（Ananda Coomaraswamy）教授认为，如果西方重新寻求东方文明背后的基本思想，东西方之间的鸿沟才有可能逾越。他说，"理解要求承认共同的价值。因为只要人不能和其他人一起思维，那么他们就没有理解，而只是知道而已；在这种情况下，大部分误解是由于对自己传统的无知，因而阻塞了理解的通道"[4]。

第九节　两个世界共和国

如果在实际生活中，教育是那种有意识地、有组织地来帮助人们成为人（human）的尝试，那么，它将不可避免地倡导世界共同体（world community）。共和国，一个真实的 *res publica*，只有通过智慧的实践才能保证公正、和平、自由和秩序。当我们谈到被统治者的意见一致时，意思是说，既然人不是靠直觉就能理解真理的，而且是需要学习的天使，那么每一个由被统治者所表现出的同意行为，都是学习的结果。当我们检验学习型社会时，我们将会看到，一个共和国就是一种真正不断进行共同教育的生活。所以，一个理想的共和国就是一个学习型的共和国。如果我们用所有实际上的共和国作为标准来判断，这就是一个乌托邦。我们开始走向 2500 年前雅典人追求的目标，那就是，一个无限学习的共和国和一个世界范围的政治共和国相互支撑。

所有人都有能力学习。只要人活着，学习就不会停止，除非他的学习能力因为不使用而萎缩。政治自由不能持久，除非有源源不断获得的知识来充实。在人类的事务中，永保真理的青春在于不断的学习和再学习。和平是不太可能的，除非有连续不断的学习机会，除非人类不断地从和平中受益。没有学习，我们渴望的法治和公正世界不可能实现，世界范围的政治共和国不可能实现。当所有的人都是法治公正世界和学习型共和国的公民时，我们所要寻求的文明就能够实现。

上述这些可能会在21世纪发生。这就意味着，教育真正走上了自己应该走的道路。

注　释

[1] The Supreme Court of the United States has held unconstitutional state legislation that sought to eliminate private schools by requiring all children to attend public schools, and public schools alone.

[2] For an extended criticism of the contradictions in the statement of this conference, see R. Freeman Butts in Hanson and Brembeck, *op. cit.* pp. 376 – 377.

[3] Education, reprinted by the University of Michigan Press (Ann Arbor, 1960), pp. 14 – 15.

[4] See Robert M. Hutchins, The great conversation, in "*Great Books of the Western World*" (Chicago: Encylopadia Britannica, 1952), ch. ix, pp. 70 – 71.

第 六 章

教育技术

我们已经指出，每个教育系统都是一种技术。我们观察到，只有那些适应于这种技术的人，才会在这个系统中成功。在学校学习的失败意味着学生不能把握这种教育技术。"能力"很可能就是那种能够找到穿过这座迷宫途径的能力。

第一节　教育的手段和目的

教育手段的确会大大影响教育目的，结果手段就变成了目的。例如，学生的选拔、安排、升级、毕业都是通过考试来实现的。从学生的观点看，教育系统的目的就是通过考试。而且，他们受教育的内容一定是要考试的。不管是有意还是无意，决定学生学习哪些课程的人必须问他们自己，这些课程的目的是学习还是考试？答案是：不是学生应该学什么，而是学生要考什么。

不管是老师还是学生，同样的规则可以应用到教育技术的其他方面。因此，重要的不是老师或者学生有多聪明，而是他们如果不能适应这个系统，那就得离开。

因此，"教育系统"这个短语是一个自相矛盾的术语。教育的目的不是让人们来适应一个系统，而是帮助他们发展成为人的那种潜力（human powers）。必须承认，如果没有这个系统而是每个人都要在家里受教育，那么，他们要用的基本教育技术就是书，甚至手稿都会成为教学工具。卢梭（Rousseau），他笔下的爱弥儿（Emile）就是受教于家庭教师，且从来没有上过学；洛克（Locke）写信请托一位绅士为他儿子选择了一个"监管"（governor），他也没有太多按照教育系统所要求的那些责任来教育他的学生。家庭教师和监管人使用的技术工具是如此的基本和灵活，以至于他们很难判定这个过程的目的。

第二节　学徒制（Craftsmanship）与大众教育

卢梭的家庭教师和洛克的监管也许可以和中世纪的学徒制相比较，而现代教育更像亨利·福特（Henry Ford）。在经济领域中，我们专注于大规模的产品生产。1964年，时代杂志形象地说明了本章的问题，"计算机能够以每秒2题的速度给多项选择考试打分，以至于这种方法在美国急速地开展大众教育的过程中，成为发现最好学生的最实用的工具"。

大众能够接受训练，就像有史以来每一个士兵都能够接受训练的情形一样。也许，正像我们在谈到大众传媒时所假定的那样，它能够知晓和领会，但不是教育。在这里，我们有了术语上明显的矛盾。

第三节　培训和信息传播的未来

毫无疑问，培训和信息传递都是重要的社会活动，但看起来，它们不大可能在未来的教育系统中占据主导地位。工作的快速变化，在岗培训的优势，自由时间的增加，这些前景都可能与培训无关，所有这些趋势都使培训远离教育价值的中心。

20世纪60年代，信息看起来就像培训一样，可能遭受被取代的命运。由于用电子手段收集、储存、提取和传递信息是如此的有效，以至于传播知识作为教育的主要功能，看上去已经变得荒唐。如果信息能够通过按一下电钮就可以得到，为什么我们还要记住那些数据呢？

在美国的法学院，学生们接受指导的习惯方法大部分是看法规、看案例。大公司中的法律职员和年轻法官的大部分工作都是相同的。可是，在20世纪60年代，有计划将这一部分工作计算机化，显然，这种计划将对法学教育和法律实践产生明显的影响。

由于太可怕而无法深思，我要避开讨论人们时常做出的预言，那就是，信息会储存在"电子银行"里，通过编码电子信息的方式，直接传送到人的神经系统。据说，这将意味着人们不再需要阅读和学习大量无用的信息，一切都根据那一时刻的需要来接收和登记信息。但是，即使排除这种可怕的可能性，未来的图书馆、百科全书，以及教学的结构和功能都将会由于交流的新方法而变得相当的不同。

如果培训和信息传播不应该成为教育系统的中心任务，那么，给教育留下的就只有理解。问题是，在多大程度上，理解将会受到开发理解方式的影响。

第四节 教育的效率

任何技术的目的都是要增加效率，或者使大批量的生产变得更加便宜。塑料杯，而不是锰钢的高脚酒杯，成为科学技术时代的象征。塑料杯也能装水，虽然没有锰钢高脚杯的杰作使用得那么长久，但却让全世界成千上万以前没有杯子的人们用上了杯子。

对于那些传播信息或者培训年轻人的人来说，效率是一个合法的目标。如果我们的意思是指关于哥伦比亚在1492年发现美洲大陆的信息，那么，通过培训，开发年轻人完成日常程序的能力就行，不需要理解。如果这些知识必须传授，没有理由相信这些知识不应该以最快速度，最低代价的方式传送给最多的人。

培训和信息传播受到欢迎的部分原因是，含有这些培训内容的课程比较容易管理。他们能够迅速计算和测量出工作的成效，而需要理解的技术就没有那么容易了。

例如，任何系统，不管是科层制还是教育技术，都能够有效地处理只有一个正确答案的问题，在那里所有的关键就是答案。当一个问题有许多答案，或者目标是教授知识而不是答案时，例如欣赏、原理、意义，或者理解，机器就会发现自己面对的是非常坚固，难以处理的材料。一位哲学家的生平事迹能够迅速地描绘出来，可是，它在历史上的意义却是一个没有正确答案的问题。

困难在于，那些对于人类最为重要的问题恰恰是那些不止一种答案，或者完全没有答案的问题。这些问题能够讨论，能够澄清，能够提炼。如果这些问题存在任何答案，也可以给出可能的答案，这就必须是一个连续不断的过程。但是，像处理只有一个标准答案问题的技术手段就不能轻易在这个过程中使用。

第五节　解决师资短缺的技术

当学生数量急剧增长成为一个明显的事实时，像其他劳动力缺乏时一样，人们当然能够建议用机器来代替缺乏的教师。因此，技术设备的惊人增长很快就在学校体现出来。

由于大量的钱投入到教育，教育第一次成为有利可图的产业。促销和出售这些产品给学校的商业方法成为时尚。

1966 年，在一张很大的美国地图上，美国电话电报公司刊登了一幅整版的广告，这个广告说，"美国可以是只要用一个贝尔系统网络就能连接起来的大校园"。广告接下来的内容是：

贝尔传输设备的系统网络，能够为大学和社区学院的任何群体提供具有灵活性的视听辅助设备。录制和现场直播的电视节目能够同步传送到一所和多所大学的课堂。学院和大学用贝尔系统连接起来，共同编制课程计划，提供了更多的分享教授及其他资源的机会。贝尔系统的另一个"视听辅助设备"叫作远程教学。这种双向放大的电话服务，允许距离很远的听众听同一堂课，并且能够参与和教学人员对话的问答部分。远程教学服务同时也能满足会议、讲座、修学分的课程和讲座系列等具体的需要。所有这些都证明贝尔系统的视听辅助设备是扩展特定教育项目的廉价方法。

"现代化"的愿望与教师短缺相结合，以及销售的高压，保证了这些设备在学校中的迅速普及。企图销售越来越多产品的不断努力使一些产品未充分测试就进入市场，这正在导致巨大的失望。

现在，学生的选拔，录取，教学，考试，直至毕业最终都"无须人手触及"已经成为可能。这种情况几乎可以发生在教育的每一个层次上。考试的方法可以计算机化。教室可以由计算机安排。各种课程可以用机械的方法教授，例如电影，闭路电视，预先编制的节目等都在20世纪60年代的全世界尝试过。不久以后的课堂，至少在富裕的国家，将会充斥着被旧时尚迷惑的各种小玩意。

一位专家就可以教一个国家所有的物理学课程，他的身体甚至可以不用出现在任何学生面前。如果他没有上镜头的气质，那么演员可以读他的讲稿，然后录制下来。据报道，20世纪60年代，美国有超过3000万人注册电视课程，其中大部分集中于初等、中等学校。理论上说，一个学生可以完成学业而不见到任何一位老师。1965年，英国报道了一所没有教师的学校，法国空军也开始用类似没有教师的方法培训技术员。1965年，芝加哥曾报道过一所"电视学院"，作为城市免费教育的一部分，这所学院已经开办了8年之久。学生只要跟随电视课程就能获得副学士学位。

未来的大致情景可以从加州帕罗奥图（Palo Alto）市的实验（1966）中看到。150位一年级的学生，从坐落在很远的斯坦福大学校园的计算机上，接受阅读和数学的教学指导。教师手把手地帮助那些落后的学生，但是，讲授的内容来自电传打字机。计算机显示问题，规定回答的时限，并且报告答案是否正确。

问题闪现在 8.5 英寸×11 英寸的屏幕上。

　　计算机可能放置在华盛顿或北京，显示屏可能在家里，老师则像巡视病房的护士一样，间或到处问问学生们做得怎样。技术把教育系统从空间、人员和时间的制约中解放出来。我们不禁要问，在这个过程中，技术会不会把教育给毁灭了？

第六节　手段与内容

　　理查德·利文斯顿（Richard Livingstone）先生说，希腊人不能广播埃斯库罗斯的三部曲（Aeschylean），但是却可以写出来。如果能够找到一位赞助商，我们就能广播三部曲，但是我们能够写出来吗？如果我们不能写出来，那么，可能是因为科学和技术已经把我们的注意力从写作三部曲这样的问题上转移开来。此外，几乎不可以想象，一个电视剧创作者能够创作出一部如此雄伟的戏剧。不同的手段处理同样的内容，也许存在着内在的差别。例如，一部小说不同于用这部小说制作的剧本，一部剧本不同于由此制作的动画片，一部动画片不同于由此制作的电视剧。因此，手段影响内容。

第七节　手段与质量

　　很难说效率在教育中没有地位，不过，这是一个值得思考的问题。效率意味着，为了追求速度、便捷、便宜以及一个更大的市场，或许我们不得不愿意忍受更低的质量。

　　也许那些提议用机器来解决教师短缺问题的人，是那些头脑简单的人的牺牲品。因为机器能够用于大规模生产，而且能够延伸到它们能到达的地方，那么，提议用机器来解决教师短缺问题就是假定，同样的规则也可以应用到人的"大规模生产"上。可是，产品能够在装配线上生产，而人却不能。教育的目的是帮助每个人充分发挥他们的才智。看来，亨利·福特（Henry Ford）的方法并未让他们完成这个雄心勃勃的计划。这是一件严肃的事情，因为，正像雷内·杜博斯（Rene Dubos）所说的那样，培养多样性不仅对于社会的增长，甚至对于社会的生存都是绝对必要的。正是人类的多样性，使社会能够适应变化的环境，而教师却能够识别和培养人们之间的多样性。

但是，如果我们想要教育每个人，且不可能每个人都有一个导师或监管者，那么，我们如何才能避开所谓的大众教育，以及貌似新技术所固有的质量波动呢？众所周知，以往建立在处理很小任务基础上发展起来的技术，令无数的教师和学生受到挫折。教育中投入的努力和教育所取得的成就之间巨大的失调，并非教育必须抗争文化的唯一结果。它还伴随着，寻求方法将想教的老师和想学的学生在一定条件下聚集在一起，使每一方都可能让实现自己的愿望失败。1965 年，加州大学伯克利分校学生中的爆炸事件就是由学术技术的故障引起的。

第八节　新设备的价值

新设备将取代过时的技术，这是一种相当大的成就。

程序化学习能够打破因循守旧的状态，容许个人以适合自己的速度学习。动画片和电视能够展示优秀教师的演讲，以取代糟糕教师的演讲（如果一个教师打算讲课，那他就可能拥有能被学生听到且看到的最大的教室）。任何过程的再现，艺术的、科学的都可以在教室里实现。如此，一个理想条件下所做的实验能被摄制下来，且连续地数以千次地被观看，取代一个在不怎么完美的条件下实施的，而且还只能被少数人观看一次的实验。如我们已经观察到的，如果愿意的话，教室就可以取消，而且所有教学都可以在家里单独地进行，或在任何便于集中的地方以小组形式进行。在系统所能运用的范围内，微缩胶片和计算机用于研究的优势足够明显，他们消除了操作需要的时间和空间，否则这将需要数年的跋涉与计算。

当需要时，新设备比此前我们知道的任何设备都能够更有效的传递信息。同样的原理可以应用到替代死记硬背的学习和训练的技巧上。

第九节　教育技术的控制

教育中的技术问题和一般情况下的技术问题是相同的：它们能够受到控制吗？如果任其发展，新设备会将其应用扩张到训练、死记硬背的学习、娱乐，以及信息的传播上，因为这些都是最容易实现的目标。它们将会减少把注意力放在推理和判断上的时间，因为这些是（技术）很难达到的目标。因为和机器谈话有困难，它们会减少讨论。它们将会推进集权化，妨害教师的自由，因为从少数几个中心点指挥系统，将会更有"效率"。它们将倾向把教师赶走，因为教学将会如此简单：即使让一位西班牙的文盲妇女监管德国学校也如同让她看管德国面包房一样。它们将把以人性化为目标的过程变得非人性化。它们将确认、加深和延长大众教育中最坏的特征的有效期和影响力。

福布斯（R. J. Forbes）教授拒绝接受技术是独立存在的观

点，并且宣称如果愿意，人类能够控制它[1]。如果他是正确的，那么，新技术就能够用在适合教育的地方，而排斥它用在不适合教育的地方。只要考虑到这些技术把教育从空间、时间和人员的束缚中解放出来，我们就能够决定在与教育目的相一致的地方节省空间、时间和人员，而不是在抛弃教育目的的地方去追求"效率"。

很难高估这种决定的困难程度。一般的原则是，手段决定目的：技术不能处理的材料以及学生将会消失。深化理解的努力可能会消失，因为机器只能处理最不费力的事情。不是不能和计算机或者电视对话，但需要很大的努力。不是不能让程序设计师来使理解程式化，但是这却是一件比制定规则和制造事实更为复杂的工作。计算机化的能以每秒两题的速度判分的多项选择考试，能够测试思考的能力，但是，他们问的可能更多是那些由记忆负责的问题。（意指还是测试的记忆能力。译者注）

第十节　助产术（Maieutics）

对技术恰当的理解，是视之为苏格拉底所用的启示法，他曾用这种辩证的方式使基本的概念得以清晰和理解。这是一种启发智慧的过程，如同该词的词根所暗示的那样。某一天，科技也许有可能生产出一种电子助产器，降低婴儿的出生死亡率。一种电子化的智慧促成器也许是可能的，它可能是按照这样一种方式来设计的：使牺牲或者受害于教育技术的人更少。不过直到它被发明之前，智慧启发的工作还将由人来做。不同于苏格拉底，他们将受到来自体制的痛苦。他们会受制于官僚制度以及越来越集中的管控[2]。在这个过程中，他们将失去许多智慧，包括他们自己的智慧。

另一方面，旧技术的消逝，明显无效又浪费时间的对年轻人训练的终结，要他们死记硬背信息的终结，将减轻教师的许多负担。新技术，如果能够明智地使用，将能够使老师们迅速地处理许多单调乏味的任务[3]。新技术的可移动性显然优于旧技术。

助产术启发的功能能否发挥，依赖于教师和类似的非专业人员的信念和决心。反过来，教师和非专业人员的信念与决心又依赖于他们对本书下一章所讨论的主题的重视。

注 释

[1] See "The Technological Order: The Conquest of Nature and Its Consequences," in *Britannica Perspectives*, Vol. I (Chicago: Encyclopadia Brtannica, 1968).

[2] Sex months before each academic year, the Soviet Ministry of Education publishes syllabi covering each subject. The mathematics syllabus enumerates the topics to be taught, describes their content, and specifies the number of hours to be spent on each topic for both classwork and homework. The syllabus has the force of a government decree and is strictly observed. The teacher studies the background and past performance of his class, and then must give his school director a calendar plan for a semester or year and prepare a written work plan for each class meeting. The plan must be so detailed that a substitute teacher could conduct the class precisely as the regular teacher planned it . A Beginning teacher will write down the exact questions bo be asked of specific students, and the time allotted for answers, An experienced teacher may be given slightly leeway. Some compensation for the loss of the teacher's initiative may be found in the comment of a Western observer who visited many Soviet classrooms. He said, "Although I saw many teachers, I never heard one give

a bad lesson. " Condenses from a report by Alfred L. Putnamand and Izaak Wirszup of the University of Chicago, 1965.

[3] Sir Richard Livingstone once remarked that the good schoolmaster was known by the number of valuable subjects he declined to teach. Perhaps we should add, and by the number of interesting gadgets he declines to use.

第七章

全民自由教育

在肯尼亚的凯里乔（Kericho）学区，我停下来拍摄当地的人们。"我们发现"，学区的治安法官评论道，"这些孩子中相当多的人能够受益于进一步的教育"。我问他，"进一步"的定义是什么。他的回答是"九岁以后"。

就在那一刻，在我头脑中浮现的是科罗拉多州阿尔伯特县的高中。当我在那里的那个夏天，整个毕业班都上了大学，以下两个结论中的一个一定会成立：一个结论是，莫非出生在阿尔伯特县的孩子天生的智力比出生在凯里乔的孩子要高超很多？另一个可能的结论是，大部分孩子能够从他们得到的教育中受益。家长、教师、地方和中央官员，以及社会的态度作为一个整体，决定着我们能够给予孩子们什么。孩子们在这件事情上没有发言权……一般说来，十岁时他们会在肯尼亚放牛，因为这是对他们的预期，或者二十岁时由于同样原因，他们在科罗拉多的校园里学习笛卡尔[1]。

这是一段与赫胥黎（T. H. Huxley）思想共鸣的评论：一个新生儿并不会贴着或捡破烂人，或零售商人，或主教，或公爵的标签降生于世，而是一团红肉，一个很像另一个。只有当给予每个孩子良好的教育以后，我们才能发现他们的能力。如果在一个地方选择100个来自最高等级贵族家庭，而另100人来自最低阶层，他说，他不相信他们之间的能力会有任何差别[2]。

这些引文巩固了本书的立场：所有人都是可教育的。本文还暗示，继续回避教育每个人的责任是不可能的。显然，在二十世纪即将结束的几十年里，整个世界教育系统的目标是提升民族国家实力，发展科学、技术和工业，培养年轻的一代。可是，我们没有看到这个目标和到达这个目标所采用的手段之间存在着明显的联系。也没有证据表明，人们实际上采用的手段会促进他们达到这样的成就。我们已经几次提到，努力的程度和达到的效果之间是不成比例的。

在那些原则上是参与式民主的民族国家，教育系统被期望于帮助人民明智地参与民主。虽然欧洲国家在为此目的而建立机构以培养精英上有些成功，但他们以及其他国家都没有发现将这种培养扩展到全体人民的方式，而且大多数还假定任何扩展都是不可能的。同样，他们也没有制定出一个有望实现这种目标的可选方案。

第一节　文化——特别是电视

虽然过去800年的历史有利于人民的解放和正规教育，虽然法律和习惯在民主的旗帜下促进了学校发展、文凭以及学位的普及，但是，很难说那些实行了全面义务教育的国家，因此就更民主或拥有更有效的民主。这可能有争议，正如阿诺德·汤因比（Arnold Toynbee）所言，人们整体上接受的教育使他们成为环境的牺牲品而非自己命运的主人。

汤因比教授给出的证据是黄色报刊在英国的兴起，第一批普遍义务教育的产品刚刚足够成熟到提供一个市场，黄色报刊就出现了。任何看过电视商业广告的人一定会有汤因比教授同样的不安。它给其观众带来了公共宣传或私人宣传的毁灭性的压力。然而，电视公司的说辞是——我们播放的都是顾客所需要的，这样的说辞从来没有被驳斥过。

在讨论学习型社会时，我们还会回到这个主题。我们在这里感兴趣的是，汤因比教授提出的纠正办法，那就是，赋予每个人一种能使其抵制宣传的教育。这看起来是给学校安排了更多的责任。孩子只是一天、一周、一年中的部分时间在学校，其余的时间他们可能和电视机胶着在一起。由于他们所看到的内容经历了世界上最有技巧、拿着最高工资的"厨师"的加工，教育遭遇了不公平的竞争。这是教育和文化有冲突观点的又一个例证，教育只是文化中的一部分，且不可能是有决定性意义的那一部分。

"我希望，"莱布尼兹（Leibniz）说，"当我看到有多少教育方面可能需要改革时，社会也可能需要同样的改革。"不过我们很有可能看到的是，只希望教育改革而不希望社会改革。社会可能不允许教育改革，无论怎样，教育只是形成社会现状众多力量中的一种。

第二节　普遍教育与普遍智慧

商业广告公司有一种倾向，他们会因为读者的低级趣味而责怪教育，然而全面教育和普遍学校教育从来就未被尝试区分清楚。自从柏拉图以来，占统治地位的理论一直认为，人是由不同的金属构成的，亚里士多德这位有影响力的权威人士支持这样的主张：有人天生是主人，而有人天生是奴隶。独立宣言对相反观点的详细叙述并非该规则的例外；其作者在他的其他作品中就赞成在三年的公立学校教育后区分不同的人群。

《大英百科全书》上有一篇关于学校和课程的文章这样说道：

> 为所有孩子提供中等教育从根本上不同于选择少数孩子并向其提供特殊类型的中等教育。因此，中等教育的任务并非是向所有人提供以前只有少数的人才能获得的教育，而是策划各种不同的课程来满足不同资质与能力的人。它的确不如所描述的那么简单，因为孩子们的教育需要差别巨大，而且不大可能将任何单个学生在学校期间的资质或能力大小看作常量。

这段引语中起关键作用的词是资质、能力，以及需要，据说它们的差别特别巨大，甚至体现在个体的学校生活的过程中。因此，很明显，它使任何公共教育都成为不可能。我所引用的这篇文章想当然地认为不可能将精英教育扩展到所有人。

当法国总理 1965 年说学校的目的是将不同的人挑选出来，并使其适应自身的职业生涯时，他就是在像其前辈托马斯·杰弗逊一样地认为，有些人生来统治联邦，而有些人注定是劳工。统治者可以受教育，余下的人可以被训练或告知。但如果每个人注定要统治联邦，或者理当如此，那又该怎么办呢？

个体间差异的事实不容争辩。这些差别可以用基本的教育以及高等级的教育内容来调解。关于基本教育方法的关键点是，每个人都有思想，并且，每个人都有能力、资质和需要来学会使用它。

科学、技术、工业和民主联邦政府已经面临惊人的困难，这就是训练和信息不能满足需要。所以，赫胥黎说，培训好的工人是一件伟大的事情，但是，培养有智慧的人却是一件更加重要的事情[3]。除非每个人都受到教育，否则，民主的愿望很快就会成为幼稚的想法。人类必须宣布放弃他们被称作政治动物的主张。他会由官僚制度来统治，这种制度保证他的某些权利，但不是通过政治参与成为真正人的权利。很多人将会成为统治者施展小恩小惠的牺牲品。

第三节 智慧必要吗？

20 世纪，人类写下了自美洲发现以来的两个最伟大的故事：一个是分裂原子，另一个是走向太空。人类可能确实相信，他们的后继者可能最终会理解世界上每件事情是如何运行的，并且能够驾驭它们。同样公平地说，他们可能会怀疑他们的后代是否知道如何使用他们获得的知识和能力。他们可能也会怀疑，这些后代是否聪明。

没有一个教育系统能够把男孩和女孩变成聪明的男人和女人。远见，或实践中的智慧只能来自经验。如果一个人在 17 岁就有智慧，那么他会让人感到惊奇。教育系统能够为他所做的是，培养其理解他自己经验的能力。和其他方法相比，教育会使他以更加聪明的方式，来反思他的这种经验。

巫师的弟子在几乎完成了对自然征服的同时，却发现他完全受自己所认为已掌握的力量所支配，唯有依靠智慧，他才能拯救自己。

智慧一定始于学习。为人所知的"智人"这种动物，为了变成人，不得不经历漫长的过程。对比一般的哺乳动物标准，它的诞生（指变成人的姿势直立行走，译者注）至少需要一年也已经是很快的了。一条幼鲸出生就有二十米长，而且会劈波斩浪。而人类在呈现自己物种的姿态（指起立行走，译者注）之前却需要一年或者更长时间的匍匐与爬行。然后，他还要花二十年的时间成长并成熟。如果要实现自己的潜能，他还必须在其一生中学习、再学习。

正像杰克斯·马里顿（Jacques Maritain）所说，"教育不是动物训练。人的教育是使人觉醒。要成为人，有一件事很关键，那就是学会使用大脑。只有思考，人才会以人的方式行为"。

在《美国的教育理论》（1932）一书中，艾伯特·诺克（Albert J. Nock）指出，"和不可教育的人相比，可以教育的人是那种有望某一天能够思考的人"。世界正在寻求的教育，是那种能够帮助每个人思考的教育。既然每个人都有大脑，那就存在着人们能够使用它的可能性。

说一千做一万，对所有人开放自由教育的根本原因是，每个人都值得拥有成为人的机会。赫胥黎在100年前的呐喊似乎仍然在我们当今的世界中回响。

政治家告诉我们，"你必须教育大众，因为他们正在成为主人"。教士们也跳出来为教育呐喊，因为他们断言，人们渐渐离开大小教堂陷于最大的不忠诚。制造商和资本家极力地扩大合唱队，他们宣称，无知产生坏的工人。而且，英格兰将很快不能把棉花变成商品，或者不能生产比别人更便宜的蒸汽机。然后大叫伊卡博德（Ichabod）！伊卡博德！光荣将会离开我们[4]。

在出现的几种声音中，这样一种学说占据了上风，那就是，大众应该受到教育，因为他们是有无限生机、能做事，以及具备受苦能力的男男女女。不管是现在还是过去都是真实的——人因缺乏知识而消亡。

第四节　目的和方法

到目前为止的所有论述中，我们能够明了，世界正在寻找的教育的主要特征。它的目标是培养人，而不是培养劳动力。它培养年轻人可以面对可能发生的任何事情，它在任何情况下都能显示出价值。它适合于培养新兴的一代，让他们能够成为跨世纪的世界共和国公民。它为他们的终身学习做好准备。它把人和人联系起来。它把所有的人引入他们自己国家以及国际社会共同利益的对话之中。它把他们的思想从偏见中解放出来。它为实践的智慧奠定基础。

所有这些都意味着思考的习惯和思考最重要问题的能力。相应地，这意味着将重要和不重要事情区别开来的能力。它也意味着批判性思维的发展，以及行为标准的发展。

这种教育要排除的是任何形式的束缚——真理的束缚除外。教条是要排除的，因为它只是用一种奴隶制度取代另一种奴隶制度。同样应当排除的是，任何随机应变的训练或者与当前信息的传送和记忆密切关联的教育。

不可否认，一个伟大的教师能够从任何地方，任何主题开始，正像柏拉图在法学中从老人的跳舞开始一样。像柏拉图所做的那样，他引申出了最根本的沉思。但是，我们所说的，是能够由一般人设计和操作的学习课程。每个教师都知道，在文学中教历史，在历史中教事实，在科学中教实验的吸引力，因为这些东西都要比构思更容易讲解，比讲批判的标准更容易沟通，比其他任何东西都更容易拿来考学生。

因此，正像一位美国领军的教育家所为，谈论汽车维护和修理的自由价值存在着某种危险。毫无疑问，自由存在着价值，但是，它需要天才来挖掘。我引用这位教育家的话说，"提出这样问题的课程是可能的：燃气涡轮机对汽车和那个领域的就业意味着什么？……通过提出这样的问题，即使是在非常具体和实际的课程中，我认为，有可能让每个人仔细考虑自己的命运，并且通过这种途径引导他们走进自由教育"。

可能性是有的，但发生的可能性不大。首先，教师不大可能会提出这样的问题，而学生们，除了问自己是不是应该学会如何保养和修理发动机之外，不大会仔细考虑他们的命运。

为了对我引用的这位教育家公正起见，我应该加上他下面的这段话，"当人们开始了解到什么是真正的实际的时候，朝向'实际'科目的趋势就一定会反转……但是，学科专业的大扩张也许在许多方面是为了解放思想，而不是为了就业，原因很简单，那就是，解放思想正在成为获得就业的必需"。正像我们已经观察到的那样，解放的思想并不能成为就业的必需，工业界要求的是资格证书、文凭和学位，而不是自由思想。去掉这种误解，上面的陈述就意味着最实际的教育也就是最理论的教育。

第五节 约翰·杜威论的自由教育

事实和观念的关系就像实验和科学的关系一样，同样也和汽车保养与修理的经验与理解科学、技术和工业世界的关系一样。一切都依赖于目的。如果课程的目的是为理解而设计的，那么，事实上，实验，甚至汽车的保养和修理都能够用来演示肯定或者否定所要理解的命题。使用像汽车保养和修理这种"学习"作为理解科学、技术和工业世界手段的困难程度，可以用俄国人试图遵循马克思、恩格斯、列宁和克鲁普斯卡娅的指导，而美国人则试图遵循约翰·杜威的教诲来理解。

杜威的立场阐述在《民主与教育》一书中得到展现（1916）。他说："不管是从实践上讲还是从哲学上讲，当前教育形势的关键是，逐渐地改造学校的教材和教学方法，以便利用代表社会典型职业呼声的各种形式，激发出他们智慧和道德的内容。[5]"于是他在《教育哲学》一书中指出，"在民主社会中，保障博雅学院（liberal arts college）过时功能的问题是，我们看到技术学科现在已经成为社会发展的必需"。他在《民主与教育》一书中继续指出："一个真正自由，而且能够获得自由的教育，现在应当拒绝在成人教育的任何层次上孤立职业训练。因为这些训练在社会，道德，和科学的背景下，已经有了行政人员机智的呼唤，以及各专业行业的运作。"

所有这些杜威的陈述，关心的都是同样的事情。这就是，智力和道德的内容，人类的方向，以及社会、道德和科学的背景。简言之，那就是理解。

这也是杜威在《民主与教育》一书中对此书主题所做的结论。他在参照了一个职业的价值后，作了如下的总结，"在一定条件下追求职业的目标是对活动的认知，而不只是外部产品"。[6]"对活动的认知"可能的意思是指，对职业以及这个职业社会作用的理解。

所有这些看起来似乎都很清楚。可惜的是，杜威呼吁课程

"对当时学生的需要和兴趣做出反应"使他的思想变得模糊不清。他说，"只有以这种方式，在教师和学生的共同努力下，才有个人资质的真正发现，才可能使专业化追求的恰当选择在未来的生活中实现"。站在这种立场上，训练就取代教育而成为中心，因为训练对学生、家长、教师和公众都有吸引力。

甚至早在1897年，杜威就在《我的教学法信条》一书中，描述了他似乎在《民主与教育》中提到的训练无用的论点。在早期的著作中，他说："在当前的条件下，我们能够给予孩子的唯一调整是，通过让他们完全拥有他们所有的权力，从而得到提高。随着民主和现代工业化条件的到来，不可能确切地预示从现在起到二十年之后的文明将是什么样子。因此，我们不可能为孩子准备任何一组精确的应付未来的条件。[7]"

如果我们不可能确切地预示从现在起到二十年之后的文明将是什么样子，那么我们就更不可能预示——如果有不同程度的不可能性的话——在二十年结束的时候，任何职业是怎样的，会有哪些职业，或者甚至还有没有任何有利可图的职业。所以，在学校期间，我们就能够看准未来生活中他们追求恰当的专业化选择是非常不可能的。

马克思、恩格斯的俄国追随者，约翰·杜威的美国追随者被超越的命运是有教育意义的。俄国人发现，他们自己放弃了多才多艺的教育，而转向狭隘的专家训练。美国人最终不是通过职业进行教育，而是为了职业而进行教育。理由是，俄国人从来不能够从劳务市场的需要来保护教育系统。而美国人在最近这段时期，不能把教育和培训区分开来。

不过，马克思和杜威的提议都有一些高尚和丰富的地方。当马克思呼唤多才多艺时，他是在寻求对科学、技术和工业社会的理解。当杜威谈到知识、道德内容、人类方向，以及社会道德和知识内容时，也包含着同样的含义。他们两个人都要求，每个人都要有适合于现代社会的那种自由教育，以及获得自由的教育。

这个问题也可以这样来表达：如果一个现代人不理解他所生活的时代，他的思想能够解放吗？如果一个现代人不理解技术，他能够实现控制技术的梦想吗？如果答案是否定的，那么问题就变成：什么是适合于现代社会的自由教育？

第六节　普遍与永恒

有些建设性的名言来自阿弗烈·诺斯·怀特海（Alfred North Whitehead）。他说："在特殊中理解一般，在短暂中理解永恒，是科学思考的目标……在人类生活中，在为知识而寻求知识的过程中，真正根本性的变化都有它们最终的起源。比肯斯菲尔德（Beaconsfield）阁下在他的一本小说中，把一个实践的人定义为实践他祖先错误的人。罗马民族是一个伟大的民族，可是，他们受到等待实践而不能生育的诅咒。"[8]

罗素也讲了类似的话：

> 人们常常说，没有绝对的真理，只有意见和个人的判断。我们每个人的思想都受各种条件的限制，包括他们的世界观、独特性、品味，以及偏见等。不管是用耐心还是用纪律来衡量，都不存在真理的外部王国，也许我们最终不得不承认，只有我的真理，你的真理，每个毫无其他个人联系的真理。使用这种思维的习惯，人类努力的主要目的之一遭到否定，而且，公正的最高品德，以及对事实无畏的承认从我们道德

的视线中消失。在这种怀疑主义的氛围之中，数学受到永久的指责。因为在怀疑和愤世嫉俗的所有武器面前，它代表不可动摇和不可驳倒的真理的大厦……每一项伟大的研究本身不仅是目的，也是创造和支持心灵崇高习惯的手段，这个目的应该通过数学的教学常记心中。

怀特海和罗素阁下都不会宣称在短暂中看到永恒，在特殊中看到一般，是一种科学或数学独有的特权，而是对怀疑主义或者创造和支持心灵崇高习惯仅有手段的指责。事实上，罗素谈到的是"每一项伟大的研究"。他们两个人都强调把追求知识、寻求批判的标准、耐心建构理论，以及努力区分什么是长久，什么是短暂作为目的本身。这些目的并不仅仅限于科学和数学思想。它们也是历史、哲学和艺术思想的特征，因为它们渴望成为超越轶闻趣事，或者娱乐的任何思想。这些就是所有知识学科的目的，而目的能够定义一门知识学科。

第七节　科学与数学

怀特海和罗素认为科学和数学对于教育至关重要的观点显然是正确的，而这种教育恰恰是世界正在寻求的教育。这样说并不只是要避免孤立 C. P. 斯诺（C. P. Snow）在 20 世纪 60 年代发起的关于"两种文化"的风暴。很明显，知识界的团结，任何知识机构的团结（这是斯诺所关心的）都要求它的成员掌握所有思想中占主导地位的思想。作为技术的主要基础的科学和数学，即使仅仅是由于这个原因，也值得每个公民去关注。况且，它们还有怀特海和罗素赋予的那些优点。数学还有另外一个优点：它是一种必不可少的智力技巧。许多学科要想从根本上思考就要像数学家一样思考。

我们必须同意赫伯特·斯宾塞（Herbert Spencer）的远见卓识。他说，重要的问题是"如何完整地生活？而且，这是一件我们都需要学习的大事情，也是教育部门必须要教的大事情"。[9]

斯宾塞列举了他认为构成人类生活的主要活动，学校应当为之做好准备。这五件事情是：自我保存；保障生活必需品安全；抚养和管教后代；保持适度的社会和政治关系；闲暇或者称作嗜好和情感的满足。

粗看起来，这个清单好像为学校增添了过多的负担。它看起来是要求学校担负起把婴儿培养成人的全部责任。它似乎忽视了所有其他机构以及社会的影响，鼓励他们把所有责任都推卸给教育系统。用现代的话来说，斯宾塞并没有提议要上自我保存的课、谋生的课、抚养家庭的课，以及其他的课。他是在寻找这些活动之下的原则，以至于学校能够教授这些原则。

正像各地成千上万学习课程反对随机应变教育一样，斯宾塞远离随机应变教育的观点，可以从他在自然科学原理中所需要发现的每件事上表现出来。例如，他不会因为我们需要学习如何保障生活必需品的安全而推荐商业课程。他认为，商业建立在科学的基础上，因此，每个人都应该学习科学。

如此，相反的情况是，不学习科学反而远离科学。正像我们已经注意到的那样，科学是每个现代人教育的必需。反对斯宾塞的"科学是最值得学习的知识"这个观点的人认为，斯宾塞的观点暗示，除科学之外的任何知识都是完全不值得学习的。

当斯宾塞写下这些观点的时候，科学在英国的教育中几乎没有地位。他挑起争端的目的可能足以解释他为什么要夸张。

但是，更深层次的原因也许在于这样一个事实，那就是，在他写作时，正值 19 世纪科学的明媚春天，它所取得的进步即使在百年之后看起来还是那么辉煌，但是，它的局限性却不能被满腔热情的眼睛所看见。很自然，在那样的时代里，人们应该认为科学可以回答每一个问题，而看到的其他任何地方都是错觉。

不幸的是，科学也有不能解决的问题。科学家能够发明氢弹，但是，他们的科学研究却并不是许多关于问"用氢弹来干什么"这样有用问题的来源。科学是必要的，但却不是充分的。科学和技术能够向我们展示如何毁灭人类，可是，是否希望毁灭人类，却并不是一个科学的问题。

第八节　技术

本章专门论述为所有人服务的教育。所提的问题是：什么样的原理每个人都应该理解？为所有人服务的自由教育的目标，不是培养年轻人成为科学家，或数学家，或工程师，而是帮助他们掌握每个人都应该知道的关于科学、数学和工程的知识。

我们对苏联工艺教育和美国职业训练检验的结果并不令人鼓舞。这项检验表明，在学校学习具体工作的经验有自残的性质。虽然它起初可能是要做技术原理在实验室中的测试，结果变成为了工作而进行的训练。在技术快速变迁的时代，这种训练已经暴露出了它所有的局限性。

这项调查指引我们走进了一门处理基本观念，并对其重新解释的课程。这些观念考虑的是一般而不是特殊，永久而不是暂时。从技术上讲，基本观念看上去就是那些科学和数学的观念。因此，就像法学对于社会科学，生物学对于医学一样，技术是服务于自然科学和数学的。正像在社会研究中不可避免地要涉及法律一样，生物学会涉及医学，物理学会涉及对技术的讨论。自由教育研究的目标不是培养从业者，而是帮助发展有智慧的男男女女。

即使培养的目标是技术员，赫胥黎把他们称作"手工艺人"，赫胥黎对教育系统作用的评论也值得我们注意。他说：

> 好吧，可是，你又会说，这是哈姆雷特和丹麦王子忽视的；你的"技术教育"就是一种好的教育，和普通教育相比，这种教育把更多的注意力投向物理科学，绘画，和现代语言，没有任何特别的技术。恰恰就是如此；这个评论把我们直接带到我所要讲的问题的中心；依据我的判断，那就是，手工艺人的培训教育应该和一般人理解的"技术的"没有任何关系。工作作坊是手工艺人唯一的学校。[10]

第九节　理解社会的方式

在伯兰特·罗素看来，历史学、政治学、经济学、社会学、人类学以及伦理学都是"伟大的研究"，但是，它们与数学之间有一种明显的不同。他认为这些主题没有"确定性"。基本观点的重新解释，是一个不断澄清和精炼的过程，是永远没有最后"解决方案"的命题，而最后的解决方案却可能有希望在自然科学和数学中找到。类似这样的思想早已存在于叔本华的心中，他评论说，不应该有 15 岁以下的孩子接受可能导致严重错误科目的教育，他推荐在 15 岁之前，集中进行数学、自然科学和语言的训练。至于学习那些直接处理社会问题的研究，目的一定是为了让他们打下基础，以便终生参与人们提出的各种问题的对话。

奥克肖特（Oakeshott）将所有这些论点都陈述得淋漓尽致。

> 作为文明人，我们既不是在探究自己和世界，也不是在积累一堆信息，而是在交谈。从原始森林开始，然后在世世代代延续的过程中，使表达变得更加清晰。这是一种在公众中，以及在我们每个人之间进行的交谈。当然，也有辩论、探究和信息，但是在有利可图的地方，这些东西就被视作谈话的通道，尽管它们也许不是最有魅力的通道……谈话并不是设计用来产生外部利益的，参加竞赛得奖，也不是要注释一项活动，而是一项未经排练的智力探险……恰当地说，教育是获得技能以及谈话合作关系的开端，这种技能和谈话的合作关系使我们学会识别声音，区分表达的适当机会，获得适合于谈话的智慧和道德习惯。结果，是谈话给予了每个人的活动和言论以地位和特征[11]。

第十节　知识的种类

亚里士多德在《伦理学》中评论道，对各种科目应该期待不同程度的确定性。这种评论在相当长的时间里，受到教授这些科目人的追随。亚里士多德给出的这些例子也许过于草率，他认为，一个年轻人不应当上道德哲学和政治学的课，其原因是，"在年轻的生命中，他没有行动的经验"，并且"这些主题的讨论从经验开始，也是关于这些经验的"。年轻人，即使是在亚里士多德的时代，也许其经验比亚里士多德认为的经验更为丰富。可是，要求成熟程度学习的科目不宜教给不成熟的人，却是不证自明的道理。讲解初级对话是一回事，系统对这门学科进行教学并且用理解来进行交流的理念，却是另外一回事。

那么，让我们以美术方面的伟大作品为例。艺术是自由教育不可分割的一部分，因为，它们不仅有自身的价值，而且是理解世界的独特方式。艺术和文学的伟大作品，不能把全部的信息传递给不成熟的人。学习型社会远景如此有魅力的原因是，每个人都可以抛弃在学校受到的那种填鸭式的教育，放弃学习他应该在任何时候都可以学到的一切基本的东西。在过去传统的教学中，孩子在十六岁时读了莎士比亚以后，就再也不用回顾莎士比亚了，这就意味着，莎士比亚的意图从来就没有被弄懂过。男孩子虽然"学了"莎士比亚，但没能理解。

第十一节　走向外面的世界

自由教育或者获得自由的教育，即世界正要寻找的那种教育，必须产生于某种程度的超脱。需要发展的关键性标准，必须适应于一个人自己生活的社会。对历史、地理和社会科学表面的熟悉，可能只会加深学生把偏见带到学校的可能性。因为其他人奇怪的习惯，可能会让他进一步确认他表面的认知。

用学习语文进行类比具有启发性。一个孩子理解他自己的语言，就像他呼吸周围的空气一样。他不必理解什么是语言。为了理解什么是语言，他必须学习另外一种语言，这种语言离他自己的语言越远越好。否则，很难在任何其他基础上认真地学习外语。至少在像美国这样的大国里，如果学生们从来没有碰到过说外国话的人，那么，人们就很难说服他们必须学习另外一种语言来进行社交。由于存在大量好的翻译作品，他们仍然会对学习外语无动于衷，如果理由仅仅是必须阅读另外一种语言的吸引力。

为学习拉丁语和希腊语辩护使用的武器是虚幻的，如果辩护者承认，辩论的问题是立即、直接可用性的问题，例如，从希腊或拉丁的词根中追溯英文的起源，那么辩护者就失去了立场。因为，学习这些语言的努力和如此可笑的结果是不成比例的。

在剑桥大学，像这种为"古代伟人"课程辩护的理由是，课程除了帮助学生理解语言的结构之外，还将他们放在自己的文化之外，以帮助他们建立起判断的标准，其方法是，把学生浸泡在具有遥远时空优势的两种高度文明的语言、历史和哲学之中。这也是布鲁纳（Bruner）在讨论社会研究如何教时提到的流行观点。这种观点认为，一个人应该从他熟悉的世界开始，比如从家庭、街道和邻居出发。正像布鲁纳（Bruner）所说的那样，这种课程的错误在于，它不能意识到，人们在他们熟悉的世界中看到一般性有多么困难。假设，你试图教孩子认识有关美国的联邦政府，那么，在布鲁纳看来，你就会发现，"'友好的邮差'的确是联邦权力表面上的代理人，但是，要让孩子理解这种权力，就要求他们在理解联邦政府或其他政府权力构成的范围之前兜许多圈子，例如，制度赋予的权力和任意实施的权力是不同的"[12]。

我要赶紧加上的是，我并不提倡今天的自由教育学习希腊、拉丁和古代的伟人。我也不认为美国孩子理解工会的最好方法是学习阿卡亚联盟或尼日利亚的联邦政府结构。我要说的是，某种关键性的距离，对于一个人理解他生活的社会是必要的，正像我们需要某种外部环境来理解自己的语言一样。得到这种距离的方法是无数的，并且是无形的。目标和结果才是我们需要的。

第十二节　现在与将来

如果我们假定 20 世纪的最后几十年到 21 世纪的条件仍然不变，那么，本章勾画的课程将显然是荒唐可笑的。想想"落后的民族"学习科学、数学、语言、历史和美术！想想他们学习阅读和写作！想想他们学习的一切！

这种课程有多大的可能性，依赖于本书和本丛书其他文章所提建议的发展情况。也许，在所有的这些发展中，最重要的发展是，向他们传播科学、技术以及西方的思想。共同目标和理解方式的传播，将促进共同的教育。它将为全人类把寻找自由教育和获得自由教育本质特征的任务简单化。

注　释

[1] Mervyn Jones, "The Comprehensive Revolution," *New Statesman*, September 10, 1965, p. 356.

[2] Quoted in Cyril Bibby, "The Science Humanist, Huxley," in *The Educated Man*, eds. Paul Nash, Andreas M. Kazamias, and Henry J. Perkinsonc (New York: Jonn Wiley and Sons, 1965), pp. 258 – 259.

[3] See Bibby, *op. cit.*, p. 267.

[4] Ibid., pp. 266 – 267. 典故来自"伊老师与小蟾蜍大历险的故事"。

[5] John Deway, *Democracy and Education* (New York: MacMillan Co., 1916).

[6] Ibid., p. 309.

[7] "Progressive Education: The Ideal and the Reality" in *The Teacher and the Thought*, ed. Ronald Gross (New York: Dell Publishing Co., 1963), p. 143.

[8] *Introduction to Mathematics* (London: Oxford University Press, 1958), pp. 4, 19, 26.

[9] "What Knowledge is of Most Worth?" in Gross, op. cit. , p. 84.

[10] *Science and Education* (1877) , reprinted by Philosophical Library (New York, 1964) , p. 348.

[11] Michael Oakeshott, *Rationalism in Politics and Other Essays* (New York: Basic Books; London: Methuen and Co. , 1962) , pp. 198 – 199.

[12] Jerome S. Bruner, *Man: A Course of Study* (Cambridge, Mass. : Educational Services, 1965) , p. 20.

第 八 章

大 学

20 世纪 60 年代，推崇了几乎近千年的大学理想看上去在全世界都已经蜕变，取而代之的是大学成为民族产业的概念。大学不再被认为是大师、学者追求真理的自治社区，而是知识产业的神经中枢，民族实力、繁荣和尊严的锯造者。美国规模最大的一所大学的校长说，"大学面对的基本现实是广为传播的共识，那就是，知识是经济和社会增长中最重要的因素"。

　　大学是社会的仆人，还是社会的批评者？它是独立的，还是依附性的实体？它是镜子，还是灯塔？它是力图满足民族的直接和实际需要，还是把满足高雅文化的传承和延伸需要作为它的主要任务？在一个强调专业化的时代，一个由知识分子组成的社区是可能的吗？一个国有化的产业能够成为世界的未来吗？或者，这些看上去相互矛盾的目标，能够成功地结合在一个机构之中吗？

　　自从民族国家兴起，工业革命开始以来，这样的一些问题已经不止一次地被问过。有人总是会利用大学达到他们的目的。例如，拿破仑就曾经要把大学变成一支有知识的宪兵队。他说：

"如果我的希望能够实现，我将从这支军团中找到反对那些有害无益颠覆社会秩序理论的保安力量……这些人作为道德和国家原则的第一批捍卫者，将发出第一个警告，将随时准备好抵制那些危险的理论，这些理论的制造者试图跳出来，不断更新那些无用的讨论，在所有民众中频繁地歪曲民意[1]。"

苏联和中国以及其他工业化国家都有这种非常类似的共同要求，那就是，大学应该帮助提供课程和人力资源来加速工业化的进程。在1862年制定的莫里尔（Morrill）法中，也许急于从那些已经建立起来的大学中得到这种帮助，美国制定了一整套除加速工业化的进程之外没有其他目标的新法规。

第二次世界大战期间，人们发现大学"有用"，特别是在发展先进技术方面的用处，这一发现激起了大学必须与时俱进的呼声。人们普遍认为，技术依赖于科学的进步，而且这种进步要求高度的专业化，高度的专业化进而迫使教学和科研迅速扩展和分化。这些观点在发展中国家，特别是那些刚刚建立的国家，争论得尤为激烈，因为他们的大学大部分都是新建立的，必须清晰大学存在之目的，以不断前行。

"怪物"通常被定义为"例外却正在成为常规"。拥有5万名学生的大学在全世界的许多地方都出现了，加州大学很快就会达到30万名学生的规模。虽然这种规模和速度的增长并不值得忧虑，但是，它并不会迫使目的与方法的根本改变。由于大学可以在一个大的框架下以小学院的形式成倍增长，牛津和剑桥作为这个原则的例子在有人敢模仿以前就已经存在。学生的质量，或者他们在上大学以前做准备的质量，也许比他们的数量更加重要。中学教育的迅速扩张，以及随机应变教育特征的设定，迫使大学需要把自己调整到适应这些学生的位置，也就是说，它们必须接收那些过去从来没有接收过的学生。

在许多地方，大学似乎正在走向完全采纳随机应变教育的道路。正像人们有时说的那样，体育比赛是大学从事的活动中唯一具有自由精神，即为体育而体育的活动。但是，在某些国家，甚至这样的情况都是值得怀疑的，因为公众的注意力和门票常常似乎比运动本身更为重要。当然，为了知识而追求知识的教育，虽然还有人提及，但是看看大学实际上所做的事情，这种对大学的描述看起来已经越来越不精确了。这就是乔治·哥斯达夫（George Gusdorf）所说的，拿破仑之不死（pas mort）[2]。

最先进的工业国家美国，通过政府机构把大量的经费投入科研，要求大学帮助他们实现政府的使命。大学如果接受了钱，也就是接受了任务，这些任务并非大学的任务，而是政府机构的任务。这些科研经费要求对到目前为止还未知的东西实行某种程度的专业化，让教授脱离教学，政府机构而不是大学，成为教授的衣食父母，为政府增光（the Alma Mater）。

如今，一名教授的基本收入甚至工作地点都在发生变化。现在，他的生计来自校外，并且能够将他带到他认为更舒适的任何地方。在许多领域，他能够成为一大批为他工作的人员的执行总裁，而他可以为了咨询和谈判奔走于一个又一个的会议之间。对于他来说，大学只是一个挂名的地方，一个他没有责任，也没有兴趣的地方。教授可能属于一个知识分子的社区，可是，这个社区既没有联系地址，也没有名称，它不再是中世纪以来人们所理解的那种大学社区概念。

世界范围内的知识分子社区这个概念是有吸引力的，因为它容许教授自由流动，教授可以把他的工作带到他认为能够做得最好的地方，这个社区是一所没有围墙的大学，同仁们可以自愿在任何方便的地方见面，他们的兴趣是科研课题，而不是他们的院校。财富的增长和技术的进步把一种新的灵活性和便利性引进了学者们之间的沟通。任何科研课题上的专家都可以在任何地方把材料和同仁组织在一起：整个世界的资源都对他开放。不可想象，大学以及实践中的组织在他们的工作范围内能够不包括这些新的先进的东西。问题是，这些新的先进的东西是不是能够融于古典大学的理想。

第一节　大学的目的

所有大学理想的公式都牵涉一个共同的命题，那就是，大学的目标是把追求知识、人生、世界观或真理看成一个整体。大学的目标是通过把专家和特殊人才带进学术圈，让他们受到其他学科的批判来驯服他们的自负和狂妄。在大学里，每个观点都会受到其他观点的审视。这样做并不只是为了社会公益或者是为了维护大学的统一。这样做也是为了专家和特殊人才的利益，因为没有其他人的检验，他们可能会发现自己的研究走进死胡同。

继培根和洛克的思想之后，生理学家埃米尔·杜·博伊斯-雷蒙德（Emil Du Bois-Reymond）很早就表达过同样的观点。他说：

自然科学独有的研究，就像任何其他特殊的职业一样，会限制思想的范围。自然科学把我们的眼光局限在我们肉眼能够看到，手能抓住，并且能够直接感受的，带有看上去具有绝对确信经验的东西上……在某种意义上，我们也许把这种特征看成是最宝贵的优势，但是，当自然科学成为排他的大师时，我们不能否认，精神容易在这些观念中变得贫困，想象失去颜色，灵魂失去它的敏锐性。其后果是，看问题的方法变得狭隘、枯燥、难懂[3]。

大学已经成为人类诚实的象征，文明的信托者，知识分子的社区。那些喜欢视大学为知识分子社区的人，并非因为该词拥有令人高兴而友好的光环。这个社区有一个目的，那就是要一起思考，从而每个人都比自己单独思考要好。如此，个人的出格行为，即可能包含有认为自己的课题是世界上最重要的那种过于自信，才不会导致其失控。来自拉各斯（Lagos）的学者与他在东京、开罗、罗马、纽约的同仁一年参加六七个国际会议的令人满意的壮观场面，不能取代大学作为思想中心的历史地位。这样一个中心的成员可能时不时离开去与同仁开会而不影响大学的活力，但如果要维持中心的话，他们必须与其保持持续的联系和依赖。

那么，这样的中心并不排除专业化或专业研究。然而，它的确会规定包括哪些专业研究，把能够接受的专业限制在其能力之内。如果所见的唯一目标只是训练各种非常成功的律师、医生、行政人员、工程师或技术员，那么就没有理由让大学来承担这样的任务。历史一再表明，这样的任务可以在工作时完成，也可以由另外的训练学校来完成。身为大学的技术教授，当卡尔·雅斯贝斯（Karl Jaspers）向欧洲提出一些新建议的时候，他没有提议说需要越来越多有效率的实践专业人才。相反，他要求把技术带进人文学科的范围之内。总之，他的思想是，"大学必须面对现代人类社会的重大问题：如何通过技术，奠定由于技术才能成为可能的、新生活方式的哲学基础"。虽然英国把先进技术学院变成大学的决定也许建立在很多实际问题的考虑之上，但是可以相信，这个决定仍然有雅斯贝斯追求的那种效果。很显然，这种效果不能指望从国有化产业甚至知识产业中得到。

第二节　自治的基础

既不是国有化产业，甚至也不是知识产业能够轻易地维持对大学自治的要求。如果大学，正像我们常常听到的那样，是对民族文化的反应，或者如果它是要提升国力和繁荣，那么，就有各种理由相信，为什么大学要听从对民族文化的正统解释，为什么大学要遵循增强国力和繁荣的官方设计。从政府机构得到带有任务资助的大学必须努力完成任务。可是，作为知识分子社区的大学就不能接受这样的科研基金：大学不能以限制研究或教学自由为条件来取得这些资金。

所以，大学必须明白大学是干什么的。许多大规模的美国大学看上去在做以下三件相互间无关的事：职业证书、托儿所和科研。只有最后一件事能够称得上学术自由的基础。科研，如果被预先设定结果的要求所控制，那么也无法给学术自由添加任何东西。

克拉克·克尔（Clark Kerr）讽刺地说，"任何地方的一所大学都能够瞄准低目标……为了保持整体来之不易的平衡而把事情弄得尽可能困惑"。但是，这样做牵涉巨大的危险，特别是那些上大学的人和支持大学的人，其危险在于，他们有一天会问大学在努力干什么，当他们得不到能够理解的答案时，就会转而抛弃大学。

第三节　学生

20 世纪 60 年代，全世界的学生都显得焦躁不安。其中主要的原因是，他们的抱怨来自克尔（Kerr）滑稽推荐造成的困惑。他们不知道自己为什么到大学里来，在大学里做什么，或者大学是什么。

学生中的大部分人有这样的印象，那就是，大学会提升他们的社会地位，让他们找到好的工作。但是，附着在每个人身上生来就有的背景如何能够影响社会差别呢？也许，毕业后没有任何工作，或者根本就没有曾经让他们期待的那种工作。他们发现自己由助教来上课，而教授在环游世界。他们发现他们被数字化、计算机化了。困惑的大学增加了学生的困惑。

大学的古典理想，如果说不是在实践上，至少也是在原则上避开了这些抱怨。根据这种理想，研究和教学是相同的。学生是知识事业中年轻的伙伴。如果学生能够独立从事智力工作，并且如果教授和他们一起调研，那么，这样的理想就能够实现。教学与科研的关系问题，这是一个让今天所有大学都感到苦恼的问题，大学的"非人性化"问题，无论是在巴黎还是在阿比让（Abidjan）都同样让人苦恼，学生在大学中的角色问题，在目前困惑的状态下无法解决。如果大学只限于做能够做的独立工作，而且有兴趣这么做，那么，这些问题就变得相对简单了。

没有理由相信，为什么大学不能限于这方面的工作。自由教育是为每个人服务的，因为每个人都有权利让他们的思想得到自由，但并非每个人都想引导思想。如果大学仅仅雇用那些愿意引领思想又有能力引领思想的人做教授，仅仅招收那些愿意把他们自己和知识事业连在一起的学生，那么大学的规模就会大大缩小。

第四节　大学，培训学校和研究机构

对于那些没有被大学录取的人，什么事情会对他们发生呢？如果我们用假设来判断，他们将受到自由教育，并且准备过正常人的生活。如果他们想要成为某种技术人员，想要做生意，想要解决实际问题，想要进入生活中各式各样的职业，他们可以在工作中学习，或者在为这些职业而设计的培训学校中学习。

这些培训学校可以设在大学附近。教师和学生都可以受益于大学的各种资源。但是，由于培训学校的目标不同于大学，因而他们不能被当成大学的成员，不能够参与大学的管理。一个知识分子社区不能够由对追求知识没有兴趣的人组成。

那些在知识产业中的科学家或者其他工作人员，他们只是对堆积数据，或者执行政府部门的任务，或者满足工业的需要有兴趣，可用类似的方式安置在大学附近的机构里，这些机构并非大学。我们没有理由相信，为什么政府和工业部门不能按照他们的意愿，或者按照他们的意见进行各种研究，以满足他们的需要。我们也没有理由相信，为什么调查者们在努力收集信息时要受到阻挠。不过，我们有理由相信，为什么专家不能在孤立的情况下做高难度的研究——其原因是，他们不太可能成功。但是，如果他们工作在大学外围的，他们自己的研究机构之中，那么他们就不会使那个机构的目标变得模糊不清。如果大学能够成为知识分子的社区，那么大学就能够履行其历史的使命。

第五节　英国的趋势

20 世纪 60 年代，在英国进行的那场斗争的结果将具有指导性的意义。在那里，政府宣布了高等教育和研究的"双重"或者"双边"计划。这个计划使人联想到美国制定莫里尔法案（Morrill Act）时，制定者们思想上的分歧，同样的分歧最近还在尼日利亚发生。根据英国的方案，大学现在也包括高级技术学院，仍然继续保持自治。但是，与此平行的机构称作"公共部门"，满足"职业、专业和以产业为基础的高等教育课程"的需要。英国的教育和科学部长安东尼·克罗斯兰（Anthony Crosland）在 1965 年谈到这些机构时说："为什么我们不应该发展以职业为取向的非大学部分呢？它们授予学位，为毕业生提供一定量的工作，这是一种和大学平行的学习机会，是一种第一流的专业训练"。克罗斯兰谈到的这个部分，其任务是"在社会的控制之下，直接满足社会的需要"。

这些属于公共部门的院校将不直接授予学院的学位：它们将向制定标准的全国学位授予委员会推荐它们的候选人。很明显，公共部门的院校将不期望，当然也不要求从事很多研究。它们的任务将是培养技术员。

尽管财政上仍然依赖国家，但是英国大学依然享受自治。"公共部门"直接由地方政府控制，反过来，它们又受到中央政府的指导，或者至少受到中央政府的影响。双层计划的理论看上去足够清楚：大学成为独立思想和批判的中心，公共部门的院校负责当前的需要。如果这个理论能够实现，那么要求大学满足当前需要的呼声将会平息。

问题在于这个理论是不是能够实行。在美国，大学与政府赠地学院的区别几乎全部消失。它们现在全部成为大学。别的院校要求的东西，赠地学院都已经得到。另一方面，现存的政府赠地学院也没有减轻大学满足当前需要的要求。耶鲁、哈佛，以及普林斯顿不教农业，但是，这几乎是他们和现在称作大学的政府赠地学院之间公开列出课程表的唯一区别。密歇根大学和密歇根州立大学声称所要做的事情几乎是相同的，不过，后者是作为政府赠地学院而建立起来的。

在英国，公共部门院校的毕业生不大可能长期满足于"二流"的学位，教授不大可能长期忍受从事研究的机会被剥夺，这些毕业生以及他们选区的全体选民不大可能长期认为他们没有大学的人体面。另一方面，让大学满足当前需要的压力很可能继续，因为英国，就像任何其他国家一样认定，知识就是权力。

尽管存在这些困难，如果双层计划能够坚持，那么，这将是对强化英国大学传统，以及公众对大学理解的一个贡献。英国这样做，也许为全世界提供了一个范例[4]。

第六节　自由和负责任的大学

一个自治的知识分子社区如何能够肩负起她的责任？历史表明，由享有特权的人组成的所有团体都会趋向于退化，爱德华·吉本（Edward Gibbon）和亚当·斯密（Adam Smith）曾就读的牛津大学表明，即使是古老的大学也无法逃避这个法则。因为他们似乎不能在其内部找到更新的手段。现代大学面对的危险似乎比以前任何时候都大，因为专业化倾向于把教授排除在大学内部各种领域的讨论之外，使他们的学术领域成为私人的财产。正如雅斯帕斯（Jaspers）所说的那样，"教授们的行为可以和贝拿勒斯（Benares）神圣丛林中棕榈树上猴子的行为相比较：每棵树上都坐着一只猴子，所有的猴子看上去都很平静，正在思考着他们自己的事。但是，在一只猴子试图爬上另一只猴子的棕榈树上时，它就会遇到大量椰子的阻碍"。教授必须由教授来选择，但是，系、雇佣委员会以及教授们好像一方面常常怕碰到有竞争力的候选人，另一方面又怕招收低质量的候选人会影响学术质量。另外，大学的氛围并不适合于天才：学术团体更可能喜欢接收教条和常规性的工作。它并不在意标新立异。

亚当·斯密曾提议用取消对大学的资助，让教授的工资基于学生的学费的方法来矫正学术上的懒惰与保守。这曾经是德国大学的规定。这种制度奖励标新立异，这些标新立异的人并非必然是天才，而是那些电视明星和歌舞杂耍演员。这种矫正实际应用于英国，是通过皇家委员会实行的国家干预。由于政治是构筑性的，所有国家都有权利干预大学的事务。问题是什么时候实施干预，以及如何实施干预。

由此引出的问题是，国家认为大学的目的是什么。一个把大学当作提升国力、繁荣和威望工具的国家，如果以上承诺被接受，将会非常适合并且引导大学的事务朝向这个目标。一个认为大学的首要任务是关注学生的国家，将会敏捷地注意到，学生不会走学术丛林的违禁通道。一个要求大学成为为了真理而追求真理的知识分子社区的国家，将保留大学的权利，除非大学明目张胆地不做这种努力，就像 18 世纪的牛津大学那样。除了德国希特勒时期之外，保留大学的权利一直是欧洲的实践。虽然英国绝大多数大学的支持来自大众的钱包，负责审查所有其他公共账户的国会委员会还没能把手伸进大学的账户。但是，欧洲教育部长的新方案，就像英国政府所做的那样，在好几个场合提醒大学应当回到它们应做的事情的本分上。

在那些存在着在国家与大学之间建立起中间机构来掌管大学财产，以及经营大学的生意事务的国家，他们干预学术运行的程度依国家传统的不同而变化。由外行组成的，一般控制着英国红墙大学的董事会，不会想到对一个专业人员的雇佣行使否决权，不会去决定课程，或者不会判定一项研究的科学价值。他们只把自己限制在生意上。在美国，同样的董事会，由于高等教育在那个国家传统上是随机应变的，就没有显示出类似的约束。美国的每一个州设立一个董事会管理大学，立法机关和董事会常常针锋相对，看谁能够更多地干预教育和科研。美国私立大学，捐赠大学董事会的理事是大学财产的法定所有人，他们已经显示出像美国公司主管一样行为的趋势，把教授当成雇员，学生当成按照主管指导生产出来的产品。这种趋势既是美国传统形成的原因，也是美国传统的结果，那就是把大学当成是一面镜子，而不是一座灯塔。

一个知识分子社区的生存，要求从各种干预中解放出来。但是，这个社区生命力的延续，却依赖于对它的批评。董事会的董事以及其他人能够成为这种批评的主要来源。并且，除了商业事务的管理之外，看上去，提供批评是董事会的主要职责。

第七节　行政

公文、行政机器，所有这些冠以官僚制度名义的东西都是大型组织不可避免的伴随物。他们倾向假定他们的重要性，这种重要性给人的印象是这个组织是为他们自己存在，而不是为他人存在的。总的趋势是朝向非人性化。

大学的方法是完完全全的助产术（即启发式方法）。一所瞄准古典理想的大学依赖于人和人的交往。一所大学和一座工厂没有任何共同点。尽管无法避免官僚制度，但是一所大学，如果它希望还是一所大学，那么，它就必须尽一切努力把官僚制度最小化。一种方法就是，把大学变成一个个小学院的联盟，在保持大的社区对每个成员有益的情况下，让一种设置把内务操作降至最低，把人员互动升至最高。这种方式还有另外一个优点，那就是，把由社区成员履行的行政功能降至最低。

在把大学类比为商业公司的构想中，校长、院长是雇员的老板或工头，同时也负责产品的检验和认证，保持良好的公共关系，保证适当的财经来源。他们并不是因为对知识分子生活的承诺，或者他们有领导能力而被选择为校长。如果他们既有承诺又有能力，他们就不会在这样的领导岗位上，因为，他们没有时间。另外，他们在学术机构中处在这样一种位置，不管是校内还是校外，他们都是大学这个公司的代言人。

没有任何对精神生活有承诺的人能够轻易地把自己的一生或者一生中很长的时间花在将就成为行政人员的事情上。曾经在荷兰流行的系统是，每个教授准备牺牲他生命中两年的时间，一年做教授的秘书，另一年做院长；或者在牛津和剑桥，在那里学院是如此之小，不要求太多行政的关注，而且副校长每三年轮换一次，以避免发展出气势磅礴的学术官僚，这些学术官僚统治着学校，但又不属于知识分子社区。

校长，如果他是知识分子社区的化身和代表，就应当由社区选择。在欧洲的许多地方，把"富丽堂皇"附着在校长名字上的是知识分子社区，或者是大学的理想。

第八节 前景

本书的主题一直是，21 世纪的教育最终可能成为教育本身。本章几乎没有提供大学可能这样做的证据。整个世界的趋势表明，大学将会终止成为一个自治的知识分子社区，独立思想和批判的中心，将成为国有化的产业。大量的经费，大批的人，以及几乎所有的政府都专注于实现这个远景。

如果这个前景得到实现，那么这将对人类造成严重的损失。就像我们失去了智慧和光明一样。专制国家，主要关心的是官方教条的永恒化，可能会满足于这种结果。在 20 世纪 60 年代，有些迹象表明，民主国家不会如此。独立思想和批判中心在大学之外，或者以与大学微弱联盟的形式迅速地成长起来。这个解决方案比没有好，但还是不够满意。这些新的组织要想取得像大学招牌一样的广泛声望，还需要几代人的努力。

本书采取了这样的立场，那就是，教育在 21 世纪可能会自成一体，这是因为过去我们有长期非人性、反人性和无人性的教育项目，这些项目实际上是无效的。即使有良心的批评家也不能对作为民族产业的大学做出同样的批评。人们可以这样做，并且期望的结果也能得到。但是，这样的结果可能是不值得的，甚至是自杀性的。不过，在 20 世纪即将结束的几十年里，取得这些结果的愿望看上去仍然是不可取代的。

这片田野上已经长出了一种茂盛的庄稼，那就是一些含糊其辞的谈论。当代学者可以毫不费劲地说大学是社区服务站，同时也是一个国际性组织。一所大学要关注本地环境中当前的需要，同时也要从事"普遍适用原理或普遍有效学术发展"[5]的研究。没有人会公开地说，大学的理想是过时的，其原因是，这些理想在人们的心目中和感情上扎得太深。几乎每一个关于现代大学的表述，都是以对自主知识分子社区荣耀的敬意而开始或结束的。即使是尼日利亚一本关于教育的书，也会谈到为了智力活动而从事智力活动的重要性，强调全球观点的重要性。但是，当谈到严肃的问题时，他们就会说，大学是"人民的大学"，因此，大学的发展必须具有决定意义，以民意为基础的路线相一致。毫无疑问，有决定意义的民意要求工业增长，保护尼日利亚的核心利益。哪怕是学习莎士比亚的十四行诗，教师都要用"它们把阳光洒在当代非洲的生活中，也洒在当代非洲的困境中"的观点，莎士比亚的诗到底是不是有这样的观点，这对教师来说也是一种挑战[6]。

当克拉克·克尔（Clark Kerr）把大学描绘成民族化知识产业的制造中心时，他呼吁改进本科教育，呼吁知识界的统一，呼吁人性化的管理，给真正有兴趣和能力的学生提供机会。他在总结的时候说，"大学现在可能需要再发现，她是不是有大脑又有身体"。没有理由相信，为什么一个有效的民族化的产业应该向大学理想的追求作任何妥协，然而，却有许多理由相信，为什么大学不应该向民族化的产业妥协。克尔追求的那些东西只有在一个自治的知识分子社区才能实现，而这种现实将意味着大学要终止成为民族化的产业。

把知识作为产业，同时又坚持大学的理想，这二者似乎是不可能兼顾的。目的的一致性和清晰性是最重要的。目的既是限制的原则，也是分配的原则。目的决定了要做什么，精力和资源如何在这些要做的事情中分配。一所大学不能长期追求多种目的。也许这就意味着，大学现在需要再次发现自己是不是有大脑。大脑的功能是，赋予有机组织以及它的活动以意义，保持其一致性以及整体性。

注　释

［1］George Gusdorf, *L'Université en question* （Paris：Payot，1964），p. 72.

［2］George Gusdorf, *L'Université en question* （Paris：Payot，1964），p. 74.

［3］George Gusdorf, *L'Université en question* （Paris：Payot，1964），p. 166

［4］For discussion of a somewhat similar notion in west Germany，see Ernst Anrich，*Die Idee der deutschen Universitat und die Reform der deutschen Universitat*，（2d ed. ，Darmstadt：Wissenschaftliche Buchgesellschaft，1962），p. 89.

［5］See Harold R. W. Benjamin，*Higher Education in the American Republics* （New York：McGraw-Hill，1965），p. 207.

［6］O. Ikejiani，ed. *Education in Nigeria* （New York：Frederick A. Praeger，1965），passim.

第 九 章

学习型社会

每一种高层次的文明都认定，劳动作为一种必需的罪恶，是文化的自然敌人。那些从事工作报酬低又很辛苦的人们，无法分享平常生活的各种好处。正像约翰逊博士指出的那样，"所有智力的进步都来自于闲暇。所有闲暇都来自一个人为另一个人工作"。对于托克维尔来说，劳动的必要性天然限制教育。由于他认为没有任何东西能够把人类从这种责任中解救出来，因此他相信，使一个国家的所有公民都受到教育，就像让所有的人都富有一样，是不可能的。

　　这些对于过去时代似乎是不证自明的命题，现在正在发生动摇。20世纪，财富得到了增长，人类为生存而工作的时间比例已经缩短。在大部分先进的工业国家中，这个过程已经达到了如此的程度，人们不禁要问，是不是还有工作让人来做。另外，自从亚当夏娃被逐出伊甸园之后，工作就是人类命运的伴随物，许多流传的阴间故事，以穿越时间隧道的方式，诉说着关于人类出生的后果，那就是要习惯于劳动。

　　我们这个时代最伟大的经济学家约翰·梅纳德·凯恩斯，

预见到了一个没有工作的西方世界。他认为，这个没有工作的西方世界会在大约 100 年的时间内实现。他说，他看到了一个令人恐惧的前景。

第一节　为什么令人恐惧？

初看上去，这种伤感似乎不恰当。如果闲暇是所有知识进步的源泉，那么，闲暇的广泛分布就必然会导致普遍的、蔚为壮观的知识进步。如果营生的必需性限制了教育，那么貌似除去这种必需性就会开启通向无尽教育的道路。

可是，西方人，包括那些已经授受或正在准备授受西方观念的人，是如此深深地忠实于工作，工作成了他们生活中相当大的部分，并且这也是他们自我意识必不可缺少的部分，不为谋生而工作的生活对于他们来说几乎是不可想象的。正如托克维尔看到的那样，世界正在变得像美国一样，即使那些不必为了生计而工作的人，不管怎样，他们仍然还是在工作，因为在一个把工作视作拯救灵魂，至少是受到尊敬的唯一途径的社会中，工作才能让他们保持良好的形象。

凯恩斯阁下看到，从有工作到无工作世界的转型，要求巨大的心理和社会调整。在所有追随西方观念的国家中，失业的人就成了社会的残疾人。甚至当不工作并非是他们的错误而是明摆着的事实时，失业的人仍然会有一种难以言状的感情残留在心中，那就是，他们是以某种方式被责任所抛弃的人。

凯恩斯阁下说：

为了达到解决经济问题的目的，于是，我们明显地通过天性得到了进化，这种天性是我们所有的冲动和最深层次的本能。

一旦经济问题得到解决，人类就会丧失他们传统的目的。这种传统目的的丧失将是有益的吗？如果一个人完全相信生命的真正价值，那么这种变化的前景至少是，它开启了有益的可能性。当我们想到他们经过一代又一代反复灌输而得到的普通人的习惯和本能，可能要求在几十年之内就完全抛弃时，我自己和他们一样，也有受到调整的恐惧……对于那些每天为面包而辛勤苦工作的人们，闲暇是一种渴望得到的甜蜜，直到他们得到它……于是，自人类产生以来，他们将第一次面对一个真正，而且是永久性的问题——如何使用从繁忙事务中解放出来得到的自由，如何利用由科学和多种兴趣赢得的自由，即闲暇，来智慧、愉快地且体面地生活……然而，我认为，没有一个国家，民族在期待一个闲暇的时代，一个丰盛的时代到来时是没有恐惧感的……从当今世界四分之一富裕阶级的行为，以及他们取得的成就看，未来的前景是令人非常忧虑的[1]！

凯恩斯阁下的经济立场可以总结为，"所以，我期待，在不是很遥远的日子里，有一个最巨大的变化，这个变化即使把过去整个人类生活的物质环境叠加起来也无法与之相比"。如果凯恩斯阁下今天还活着的话，他的预言会变得更加强化。在自动化和自动控制技术加速失业的趋势之前，凯恩斯描述了一种疾病，他描述的这种疾病虽然当时的读者可能闻所未闻，不过，在随后的岁月中却充斥于耳，这就是失业。他的定义是"失业，即我们发现的使用劳动力的经济化方法，超过了我们能够发现劳动力新用途的速度"。他去世在电视成为人们的"鸦片"之前。他有生之年并没有看到，对从来没有过自由时间的群体来说，他们处理自由时间的方式，一点也不比他生活的那个时代的富有阶级好。

教育关心"生命的真正价值"，帮助人们"生活得明智、幸福和快乐"。有一件事是清楚的，那就是，当社会有太多这方面的问题时，教育的目标就不是训练人力资源。当然，对现存的工作进行训练和再训练的机会都必须有。从变化的快速性看，进行这种训练的地方看上去应该是在行业中。教育机构的特殊角色似乎是提供自由教育，它总是对那些要用系统思想思维的人，或者为这样做奠定基础的人开放。

在 20 世纪即将结束的最后几十年中，教育机构的目标似乎仍然令人感到惊奇的陈旧。在一个开始感染剩余劳动力瘟疫的世界里，他们还在使劲地生产更多剩余的劳动力。在一个走向全球化社会的世界，他们仍然以民族实力、繁荣和尊严的名义，增大人力资源的供给。在一个智慧饥渴的世界里，他们几乎没有想到这种需要，而是加倍努力满足正在过时的需要。解释必须依赖于凯恩斯的理论，那就是，我们正在遭受"来自太快的变化带来的日益增多的痛苦，来自从一种经济到另一种经济调整的痛苦"：过去的习惯太强大。这阻挡着我们去理解，甚至阻挡着我们去看到在我们周围发生的事情。

正像我们已经注意到的那样，教育机构的目标是由她们身处其中的文化所决定的。正如凯恩斯阁下所说的那样，如果工作是坚守人类"传统的目的"，那么，人们就会期望教育机构帮助实现这些目标。唯一的争论将是，什么是在给定时间、地点完成这些目标最好的方法。如果不是聚焦于工作，那么，我们现在就要开始思考明智、快乐与健康的生活，这个我们应当坚守的信念必须以某种方式通过文化来传播。

第二节　不能全包揽的教育系统

社会的改进依赖于运行其中的教育系统。但是，这些系统不容许使用社会不批准的方式，或者方法来改进社会。可以假设教育有某种属于自己的运动规律，但是，如果假设教育靠自身的力量就能全面改变文化，那就太过分了。伏尔泰说："没有任何东西能够像教育一样给人以自由。当一个民族一旦开始思考，就无法让她停止下来。"这就意味着，自由教育是要让思想得到自由。但是，国家，或者那些控制教育的人，必须同意自由教育是可以提供的，而且也是可以达到。进而，文化必须允许使用自由的思想。如果文化封闭人的思想，就会压制教育。这种现象在经常迫使人们遵从和屈从的国家很常见。文化能够通过禁止或者摧毁教育的努力而扼杀教育。

文化的目标如何能够改变？如果我们要从一种把工作看成是人类目标的文化，走向一种把智慧、快乐和健康的生活看成人类目标的文化，那么，我们就要通过改变对生活现实的认识来实现。教育改革很有可能是社会观念变化的结果，而不是社会观念变化的原因。再说，教育只是文化中的一种力量，而且可能还不是决定性的力量。下面是现在夸大教育作用的一个典型例子："对尼日利亚教育的投资，是一个生存的问题，因为它是对未来的投资。因为国家的安全，经济和技术的增长，以及整个尼日利亚国家的强大，全部都依赖于对教育的投资。[2]"这段话的正确性有多大依赖于在尼日利亚发生的其他许多事情。如果国家安全是特别重要的，那么，投资军队就比投资教育更重要。如果经济和技术成长是国家的目标，也许在特定时期，投资道路、卫生系统或设备就比投资学校更重要。如果尼日利亚"国家整体的强大"是国家的目标,其中包括普遍的理解和智慧的领导能力,那么,对教育系统的投资就的确有非常重大的意义。不过,我们不能忽视其他方面文化影响的重大意义。

第三节　文化控制

在其他有影响的文化目录上,排在前几位的应当是大众传媒、家庭、邻里、教堂,那些影响成员生活及其态度的纵横交错的志愿者组织。在许多国家,政党和政治领袖们形成思想,塑造公民的行为。我们可以想象,如果在一个国家,教育系统专注于智慧、快乐和健康的生活,而所有上述列举的其他文化机构都致力于国家的安全、经济和技术的增长。在这种情况下,我们看到教育将不会有成功的机会:它将受到其他文化的压制。应当指出的是,以上的假设情况完全是想象出来的,因为毫无疑问,任何一个国家都不会容忍这样一种教育系统。

所以,一个主要只对培养顾客和生产商感兴趣的国家,不大可能对于思想解放给予太多的关注,因为销售产品和自由思想之间的联系是无法建立起来的。这样的国家将会把教育的新机会转变成培养顾客和生产商的工具。这就是电视在美国的命运。电视可以服务于教育的目的,但不是在商业文化中。美国从 20 世纪 60 年代开始使用电视,如果电视的使用能够放在适当的位置,那么它就应该像古腾堡(Gutenberg)那样,把他伟大的发明几乎完全用于喜剧书本的出版上。应该是,人们也会自然想到的是,电视应该是一个伟大的、新的启蒙运动的工具,可是它却通过在吸引观众的娱乐节目之间插入广告,主要用来销售肥皂、啤酒、体气除臭剂，以及香烟等商品。这证明了卡尔文·柯立芝（Calvin Coolidge）的断言，美国的商业就是商业。

正如我在前面指出的那样，如果把电视以及其他文化的力量加在一起，其威力要比教育系统能够提供的任何东西都大得多。所以，我们不得不再问一次，如何能够实现文化的改变？如果教育不能改变它，或者仅凭教育不能改变，那么，怎样才能改变呢？

第四节　文化变迁如何发生

如果我们要问我们时代最伟大的社会变迁是如何发生的，有色人种的解放是一个明显的例子。如果我们看看所谓去殖民化运动的过程，或者美国的民权运动，所有这些都很难归因于对白人教育的结果。殖民地之所以获得独立，是因为宗主国不再能够留住他们。给美国黑人以投票权，是因为白人不能再镇压这些黑人了。毫无疑问，独立运动领袖受到的教育，那些指导民权运动领袖受到的教育，是他们站在这些运动前沿的重要原因。可是，令人惊奇的是，在过去的 100 年中，法国、英国和美国享有培养教育学位的绝对优势，可是这种优势并没有导致由受过教育的白人领导发起的，解决这些问题的更加早期的方案的产生。

这段历史经验似乎倾向印证这样一种理论，那就是，一个带有根本特征的社会变迁是通过对生活事实的最终承认而发生的。毫无疑问，由凯恩斯阁下所预见的那种变迁是根本性的变迁。这种变迁预示着人类会从一个目标走向另一个目标。如果大学仍然遵循自治知识分子社区的理念，那么，在认识到变迁的前提下，领导人可能从大学中产生。但是，正像我们看到的那样，大学就像任何其他机构一样，服从于过时的传统，并且，他们现在不是把精力全神贯注地放在诊断社会所面对的问题上，而是放在其他的任务上。

在认识到生活事实的基础上，领导人必须来自真实的个人和群体，他们通过多年的努力，来说服人民，他们所看到的是真实的。这些人可能包括作家、艺术家、学者，或有独立精神和眼光，能够提高文化的人。他们可能是自由的思想家，也可能是那些追求关于文明条件和目标之间关系对话的人。

第五节 没有工作的社会的目标

假设从传统工作目的到闲暇的转移能够实现，我们就会看到，这种转变几乎改变了我们关于所有事情的所有观念。它第一次为每个人提供了机会，让他们成为（真正的）人。它意味着，社会能够把自己奉献给公共利益的发现和获得，而不是担心生存。在一个更高层次假设的基础上，我们将会走在通往世界共同体的道路上，这就意味着，大的战争的消失。它表明，暴力死亡的恐惧、饥荒的恐惧可能会从人类的成见中消失。

但是，这个社会到底是个什么样子呢？男人和女人们怎样度过他们的时光？教育可能最终会独善其身。难道真的会这样吗？

西方劳动时间的减少并没有出现人们想象的那种智力活动的明显增长。在那些赢得了减少工作时间的人们中间，20 世纪 60 年代流行的兼职，可能显现出的是现代人的贪婪。不过，它同时表明，当人们掌握了自由时间时，他们是多么的恐惧。很明显，他们会做任何事来避免空闲。是不是遥远岁月的经历正在激励人们这样做。那些曾经有过富裕和闲暇历史的社会最终都崩溃了，而且它们崩溃的原因通常都和富裕与闲暇相联系。雅典曾经企图单独创造一个学习型的社会。可是，她太小，也许是偶然的原因，她没有延续下来。罗马统治者用面包与马戏这种小恩小惠的手段笼络人心，最后以野蛮人三部曲结束了她的历史。

系统学习并不是成年人容易感兴趣的东西。在那些已经进行大规模教育的地方，继续学习的动力一般来自某种目的，而不是要变得更聪明。在丹麦，它与人们想要从1864年普鲁士人造成的羞辱中恢复过来的愿望相联系。在瑞典，节食运动发生在社会的底层。在英国，它的动力来自工人阶级要求分享政治权利的决心。在苏联，成人教育会带来一份更好的工作。

人的本性表明，他们能够终生不断地学习。科学证据表明，他们也有能力这样做。即使假定，早年生活对绝大部分智力的发展有极大的重要性，可是，成年后的岁月也不是没有机会的。我们知道，残忍和麻木可以发生在生命的任何阶段。因此，保持人性的方法就是继续学习。

正像我们已经看到的那样，前面这句话千真万确的一个原因是，在非常非常重要的问题上，没有经验就无法理解。而且，如果一个人越有经验，那么，这个人就越可能理解得更深。智慧来自于年龄的普遍信念至少可以得到统计结果的支持。系统学习的终结一定要被看成是对变得更加智慧的机遇的一种剥夺。

既然工作已经成为人们生活的目的，那么，教育或者学习就会被当成人们为工作所做的准备。这样，我们可以把这种情况想象成一个孩子的疾病，染上了一次，你就无须再次染上，事实上你也不能染上。以上这种态度被教育系统的组织在不同阶段强化：当一个阶段达到了以后，这个人留下的就是"完成"。并且，如果把教育当成完成某种目标的工具，例如工作、结婚、学位。那么，当目标一旦实现，目的也就完成。如果把教育看成是实现任何目的的手段，在某个确定的日期其就会停止，那么该日期之后教育必定成为无关的事情。

第六节　变迁的快速性

玛格丽特·米德（Margaret Mead）用以下这些话总结了 20 世纪 60 年代的情形：

> 看起来在许许多多的方面，我们不能认识到变迁的新特征。尽管一年级的大学生上过的一个课程，到四年级时可能已经随时间的改变而基本改变了，可是学校还是会说，大学能够为学生提供"良好的教育"——学完，包装，然后用学位封起来……与这些观念相一致，也与我们关于好学生的观念相一致，我们的教育机构成了在或长或短的时间内，管住"孩子"的地方……一旦他们离开学校，我们就把他们当成某种意义上的完成品，既不能，也不需要进一步的"教育"。因为我们仍然相信，教育应该是完整无缺的，或者是一系列相连接的阶段，每个阶段又代表一个整体，以小学、中学和大学这样几个层次出现……于是，我们就回避了面对新时代活生生的现实：没有一个人一生都会生活在他出生时的那个世界里，而且，也没有一个人会

死在他成年后工作的世界里。对于那些工作在科学、技术，或者艺术成长前沿的人来说，当代生活的变化周期甚至更短。常常只需要几个月，以前那些理所当然的东西就必须抛弃或改造以适应知识或实践的新状态。在这样的世界中，没有人能够"完成教育"。我们需要的学生不只是那些正在学习走路、对话、阅读、写作的孩子，以及那些年长的、被视为少数的需要"继续"或者是"回头来"接受专业化的教育的学生。相反，我们需要孩子、青少年、年轻人、成年人。以及"年长"的成年人；他们中的每一个人，都应当以适合于他们年龄的恰当速度，以及该年龄段特定的经历所有的优势和劣势来学习[3]。

简言之，我们需要一个学习型社会。

那么，学习型社会基于两个重要的事实：日益增加的自由时间，以及快速的变化。快速的变化需要不断地学习，而闲暇的时间使这种学习成为可能。从历史的观点看教育，阿诺德·汤因比（Arnold Toynbee）是乐观的。他说：

闲暇这份礼物，可能会被那些从来没有经历过闲暇的人糟蹋。然而，在文明的进程中，少数有闲人中的少数对闲暇的创造性使用，成了自原始社会后人类所有进步的主要动力。在我们这个守旧的工业社会里，闲暇仍然被当成不是所有人，而是少数人的特权。在获得报酬的劳工"失业"的负面影响下，对于工业工人来说，失业的前景是一个现实中的噩梦，因为与失业相伴随的是失去收入，更糟糕的是，失去自尊。在我们的世界中，一个失业的工人会感到他是一个被劳动社区抛弃的人。希腊人曾经有过把闲暇看成是所有人类公益中最伟大公益的锐利眼光……在我们这个世界，正在开启的自动化时代很快就会为所有工业工人提供大量的闲暇而不会失去收入、失去自尊、失去社会的尊敬。

毫无疑问，如果把这种从来没有听说过的闲暇突然塞进人们的手中，他们会在开始的时候误用这些闲暇。但是，或迟或早，我们肯定能够拿出用于就业的一部分时间去从事那种正规的成人教育。我们在生活中成为非正式学徒的事实，当然和我们的生命一样漫长。我们的生活经验教育着我们，不管我们愿意还是不愿意。但是，在为贫穷所困扰的最初几千年的文明史中，正规教育，甚至对于享有特权的少数人，如果不是更多的话，通常也会在青年期结束的时候终止。显然，这是一个不幸的后果。学生在生活的某一个阶段过分专注书本的学习，在这一时期，他们还没有取得经验来充分利用这种读书的机会，而在稍后的生活阶段，他们会渴望书本的学习，如果给他们机会的话，由于有成长的经历，他们会在书本中学到更多的东西。在未来富裕的社会中，我们将能够负担得起，为每个男男女女在他们成年后的每一个阶段提供在职的成人教育。我们已经看到，在丹麦，有智慧实施农业革命的，高度文明的人民已经使用了一些适当的利润，就像希腊的时装一样，为他们自己，在令人羡慕的丹麦的各个高中提供自愿的成人高等教育（这是只为成人，而不是为孩子设立的学校）。一个丹麦农民要存几年的钱才能够使他上六个月或者是十二个月的高等教育课程，他带着荣耀的眼光选择学习的科目，他所需要的是提高他的文化水平，而不是改善他的经济地位。由于"和平利用原子能"、自动化，以及大量使用科学设计的机械，我们有了更多的闲暇，在当今丹麦的院校里，在即将到来的闲暇时代，我们预先品尝到了将对整个人类开放的教育的先进性[4]。

当一个政治社区乃至所有的国家都放弃了帝国梦想的时候，当它变得富裕的时候，当它认识到快速的变化要求继续教育的时候，当自由时间的增加使得成人教育变成可能的时候，就必须像丹麦人学习，"为成长过程中每一个阶段的男男女女提供部分时间的成人教育吗？"先进工业国家的实践对这个问题给出了肯定的回答。在所有这些国家中，越来越多的成年人，在他们成长的各个阶段，花费越来越多的时间上课，听讲座。他们花费从每个周末到一年不等的时间，生活在教育机构之中。

在有些国家，大部分成人教育的工作缺乏严肃性，也不那么重要。它常常被简单地看成是一种消费时间的方式，一种娱乐或放松的替代方法。在苏联，成人教育是非常严肃的，它可以看成是丹麦成人教育的另一个极端：它瞄准的目标是改进学生，乃至国家的经济地位。汤因比把这种现象看成是闲暇时间暂时误用的观点，毫无疑问是正确的，这种误用是被突如其来的闲暇所催生的。娱乐和放松，作为从任何体力或脑力劳动的消耗中恢复过来的方法，虽然令人羡慕而且必需，但是很难形成理性动物的稳定和独有的健康生活习惯。另外，工作训练将失去吸引力，除非参加工作训练的学生在完成训练后能够得到那份工作。

有证据表明，汤因比的预言将会成为现实。1965 年，美国的劳工部长威拉德·维尔茨（W. Willard Wirtz）正式提议采用由一两位企业家提出的建议，这个计划提议让有资历的工人"休学术假"。这个计划将让有资历的工人能够有较长的时间离开工作，参加成人教育。同时，美国成人教育中心主任也为此计划的实施制定了长达67页的密密麻麻的文件。

第七节　学习型社会

我们可以走得更远，并且预见到学习型社会的来临吗？除了为成长过程中每一个阶段的男男女女提供在职的成人教育之外，这将是一次成功的价值转变，那就是把学习、自我实现，以及成为真正的人设计为教育的目标，并且所有的教育机构都瞄准这个方向。这就是雅典人曾经做过的事情。对于将自身有限且相对剩余的精力用于为每个人生命的每一个阶段提供在职成人教育，他们并不满足。他们将其设计成让每个成员都能最彻底地开发自身极限力量的社会。用我们现在的标准和术语来衡量，雅典人是未受教育的人。大规模、注重细节、昂贵和高度组织的教育项目，以及现代工厂是雅典人闻所未闻的。他们没有像样的教育系统。但是，他们却教育了全人类的各个种族。在雅典，教育并不是在某个时间、某个地点，以及生活的某个阶段从事的单独、分离的活动。它是社会的目标。城市本身就可以教育人。换句话说，雅典人受到的是文化的教育，他们称之为 *paideia*。

值得注意的是，因为有奴隶制度才使雅典的学习型社会成为可能。雅典的公民有闲暇时间，我们所用的学校一词来源于希腊的休闲一词。希腊人希望把自由时间变成闲暇，变成学习如何管理自己和他们的社区的机会。奴隶制度给他们以自由时间，共和国所有的传统、实践，以及机构都注重打造他们的思想和品格，使他们感化。换句话说，就是把他们的自由时间变成闲暇。

现代机器能够为每个现代人做雅典奴隶只为少数有幸的人们所做的事情。学习型社会的前景，就像赫胥黎所说的臻于完善的社会一样，能够实现。一个学习成为文明的国际社会，一个学习成为人性化的国际社会，最终将成为可能。教育最终可能会独善其身。

第八节　价值观的重新评估

学习型社会能否实现，依赖于价值的重新评估。技术所能做的全部事情就是去提供这样的机会。在价值的重新评估中，教育扮演一个重要的角色。一个每个人都已经开始了在教育机构接受自由教育，且正在这些机构之内或之外持续自由学习的社会；一个存在真正的大学、独立的思考以及批评中心的社会，才是一个价值可能变革的社会。但是，正如我们看到的那样，这是一个价值观已经转变了的社会：否则，这种教育的观念是不可能被接受的。

人类创造其自身，创造他们的环境，创造他们的制度，也包括创造他们的教育制度。反过来，他们的环境和制度也创造了人类。在很大程度上，他们的教育机构已经被设计成使现存价值观永恒化的机构。对生活现实最终的认识，可能迫使人们重新思考这些价值观，并且把教育重新引向新的价值观。第一步是对生活现实的普遍理解，是对可以取得的新的价值观的普遍理解，以及对教育能够帮助实现学习型社会的可能性和局限

性的普遍理解。本书的目的是为这种理解做出一些有益的
贡献。

注　释

［1］ *Essays in Persuasion* （New York：W. W. Norton, 1963）, pp. 358 – 372.

［2］ Ikejiani, *op. cit.* , p. 224.

［3］ "Why is Education Obsolescent," in Gross (ed.), *op. cit.* , p. 271.

［4］ "Education in the Perspective of History," in Gross, （ed. ） *op. cit.* , pp. 134 – 135.

United States Copyright Office
Library of Congress · 101 Independence Avenue SE · Washington, DC 20559-6000 · www.copyright.gov

October 25, 2011

Zeng Lin
344 DeGarmo Hall
College of Education
Illinois State University
Normal, IL 61790

Our reference: 1-675304923

This refers to your request of October 15, 2011.

Our search in the appropriate Copyright Office indexes and catalogs that include works cataloged
from 1955 through October 7, 2011 under the names Robert M. Hutchins; Robert [Maynard]
Hutchins; Encyclopedia Britannica, Inc.; Frederick Praeger Publishers; [Frederick A. Praeger,
Inc.] and [Praeger Publishers, Inc.] and the title THE LEARNING SOCIETY disclosed no
separate registration for a work identified under these names and this specific title.

Notwithstanding the fact that no copyright registration was found for the above work an
assignment document was noted for this work and is given as of possible interest.

FROM:	Harcourt, Inc., Harcourt Professional Education Group, Inc. & Harcourt Publishers International, Inc.
TO:	Thomson Learning, Inc.
RE:	THE LEARNING SOCIETY by Robert M. Hutchins, and 30,635 other titles.. Copyright assignment agreement.
EXECUTED:	as of Oct. 29, 2001; Nov. 6, 2001; Nov. 12, 2001
RECORDED:	December 5, 2001
IN:	Vol. 3476, D 780-843, p.1-1,596 [Vol. 3476, D 830]

Zeng Lin

The latest address as shown in the records of this Office for Thomas Learning, Inc. is one of 2004 and is as follows.

Wadsworth Publishing Co. - Thomas Learning, Inc.
10 Davis Drive
Belmont, CA 94002
PHONE: (650) 413-7483
FAX: (650) 593-9043

Your credit card has been debited in the amount of $330.00 in payment for this search and report.

Anthony J. Bogucki
Senior Copyright Research Specialist
Records Research & Certification Section

Enclosures:
Circulars 12, 15, 15a

索 引

图书在版编目（CIP）数据

学习型社会／（美）罗伯特·赫钦斯著；林曾等译
. -- 北京：社会科学文献出版社，2017.2（2021.5 重印）
书名原文：The Learning Society
ISBN 978 - 7 - 5097 - 9237 - 7

Ⅰ.①学…　Ⅱ.①罗…②林…　Ⅲ.①社会教育 - 研
究 - 中国　Ⅳ.①G779.2

中国版本图书馆 CIP 数据核字（2016）第 119064 号

学习型社会

著　　者／〔美〕罗伯特·赫钦斯
译　　者／林　曾　李德雄　蒋亚丽　等

出 版 人／王利民
项目统筹／谢蕊芬
责任编辑／孙　瑜　刘德顺

出　　版／社会科学文献出版社·群学出版分社（010）59366453
　　　　　　地址：北京市北三环中路甲29号院华龙大厦　邮编：100029
　　　　　　网址：www. ssap. com. cn
发　　行／市场营销中心（010）59367081　59367083
印　　装／北京盛通印刷股份有限公司

规　　格／开　本：889mm × 1194mm　1/32
　　　　　　印　张：5.875　字　数：129千字
版　　次／2017 年 2 月第 1 版　2021 年 5 月第 2 次印刷
书　　号／ISBN 978 - 7 - 5097 - 9237 - 7
定　　价／49.00 元

本书如有印装质量问题，请与读者服务中心（010 -59367028）联系